Curso comunicativo
de español
para extranjeros

Esto
funciona

A

Primera edición: 1985
Segunda edición: 1987
Tercera edición: 1988
Cuarta edición: 1989
Quinta edición: 1990
Sexta edición: 1992
Séptima edición: 1993
Octava edición: 1994
Novena edición: 1995
Primera reimpresión: 1996

ISBN: 84-85786-86-6
Depósito legal: M-1546-1996
Impreso en España - Printed in Spain
Talleres Gráficos Peñalara, S. A.

**Curso comunicativo
de español
para extranjeros**

Esto
funciona
A

Equipo Pragma:
Ernesto Martín Peris
Lourdes Miquel López
Neus Sans Baulenas
Terencio Simón Blanco
Marta Topolevsky Bleger

Diseño gráfico y portada:
Viola & París

Ilustraciones:
Romeu
Mariel Soria

Técnico de grabación:
Joan Vidal

edelsa

GRUPO DIDASCALIA, S.A.
Plaza Ciudad de Salta, 3 - 28043 MADRID - (ESPAÑA)
TEL.: (1) 416 55 11 - FAX: (1) 416 54 11

PRÓLOGO

Abordar un curso de lengua extranjera para alumnos no-principiantes intentando incorporar aquellos nuevos enfoques metodológicos que han sido aplicados a los materiales didácticos destinados a principiantes supone siempre un cierto desafío: de una forma más o menos explícita, está muy difundida la idea de considerar que dichos enfoques no son trasladables a niveles avanzados. **Esto funciona** asume este reto porque está basado en una creencia: no hay por qué sumergir al alumno en una serie de actividades inconexas ni regresar indefectiblemente a prácticas de marcado cariz tradicional. Muy al contrario, la experiencia nos demuestra que no sólo es posible, sino necesario y perfectamente viable (si realmente la competencia comunicativa es la meta a la que se pretende llegar) mantener el enfoque nociofuncional a este nivel, con una clara definición de objetivos, de aquello que el alumno va a saber hacer con la lengua.

En **Esto funciona** se ha mantenido la estructura de unidad que se proponía en **Para empezar** por seguir considerándola un camino suficientemente flexible y eficaz para conducir al alumno hacia la autonomía lingüística, pero se introducen algunas variaciones que no afectan a la filosofía general, sino que están determinadas por las características mismas del nivel de conocimientos que posee el alumno: el instrumental lingüístico que debe ofrecérsele en este momento del aprendizaje tiene que estar menos constreñido a la situación, ha de ser más movilizable, capaz de ser transferido a muchos otros contextos y temas, y las propuestas de trabajo deben estar encaminadas a estimular esta capacidad de movilización, de transferencia.

El resultado de la experimentación de estos materiales con nuestros alumnos del Departamento de Español para Extranjeros de la Escuela Oficial de Idiomas de Barcelona permite suponer que **Esto funciona** cubre las necesidades de todos aquellos alumnos adultos que, por una u otra vía, hayan alcanzado el llamado "nivel de subsistencia" y aspiren a llegar al "nivel umbral".

Equipo Pragma
Barcelona, mayo de 1985

TÍTULO DE LA UNIDAD	SITUACIONES/ TEMAS	SE DICE ASÍ	
1. **Yo, por ejemplo,...**	– En un vuelo de Nueva York a Madrid. (1.1.) – Dos amigos comentan su carácter. (1.2.)	– Al dar la propia tarjeta o dirección (2.1.) – Pedir información sobre la facilidad o dificultad de conseguir algo (2.2.) – Pedir y dar consejo (2.3.) – Justificación de la petición de consejo o información (2.4.) – Valorar un período (2.5.) – Expresar decepción (2.6.)	– Expresar preocupación (2.7.) – Expresar resignación (2.8.) – Preguntar por la causa de una actitud, un hecho o una actividad que sorprende (2.9.) – Describir el propio carácter (2.10.) – Valoración positiva del carácter de alguien (2.11.) – Comparar caracteres (2.12.)
2. **Ya está bien, oiga.**	– En un claustro románico. (1.1.) – En un camping. (1.2.)	– Llamar la atención hacia algo (2.1.) – Informar identificando (2.2.) – Expresar extrañeza o asombro (2.3.) – Expresión de satisfacción ante una actividad realizada (2.4.) – Expresar gustos y sensaciones o hacer una valoración general de algo (2.5.) – Hacer cumplidos tras una actividad sugerida por otros (2.6.)	– Solicitud de confirmación de una sensación (2.7.) – Compartir una sensación o valoración intensificándola (2.8.) – Pedir algo precisando una característica (2.9.) – Quejarse, reclamar, protestar (2.10.) – Pedir un servicio para un momento determinado (2.11.) – Preguntar por la existencia de un servicio (2.12.)
3. **Pues una vez...**	– En casa de unos amigos después de las vacaciones. (1.1.) – Una pareja explica su historia. (1.2.)	– Relatar (2.1.): – Referencia a un momento o período del pasado (2.1.1.) – Relacionar dos momentos o acciones: anterioridad/posterioridad (2.1.2.) – Informar del tiempo que separa dos acciones pasadas (2.1.3.) – Expresar una actividad futura que depende de otro factor (2.1.4.) – Hablar del tiempo que se lleva realizando una actividad (2.1.5.)	– Hablar de un momento aproximado (2.1.6.) – Hablar de la duración aproximada de una actividad (2.1.7.) – Frecuencia (2.1.8.) – Para finalizar un relato: conclusión, valoración /resumen (2.2.) – Mostrar desacuerdo con algún dato de lugar o tiempo (2.3.) – Valoración de un período o actividad de tiempo libre (2.4.)
4. **¿Quién será?**	– En una boda. (1.1.)	– Hablar de otros (2.1.): – Identificación de alguien (2.1.1.) – De los cambios que han sufrido (2.1.2.) – Del carácter (2.1.3.) – Expresar fastidio y compartirlo (2.2.) – Expresar preocupación (2.3.) – Expresar sorpresa y responder (2.4.) – Formular hipótesis (2.5.) – Dar una noticia (2.6.) – Confirmación de una noticia de la que se duda (2.7.)	– Transmitir una información a un tercero (2.8.) – Transmitir órdenes a un tercero (2.9.) – Expresar buenos deseos (2.10.) – Petición y concesión de permiso (2.11.) – Expresar tristeza y compartirla (2.12) – Saludar: enviar saludos a un tercero. Transmitirlos (2.13.) – Dar el pésame (2.14.) – Felicitar (2.15.) – Agradecer (2.16.)
5. **Bueno, sí, pero, sin embargo...**	– Tópicos sobre los españoles. (1.1.) – Unos niños juegan a la guerra. (1.2.)	– Pedir una opinión (2.1.) – Dar una opinión (2.2.) – Para ordenar un razonamiento (2.3.) – Acuerdo / desacuerdo total (2.4.) – Acuerdo / desacuerdo parcial (2.5.) – Aceptar algo negando una supuesta consecuencia (2.6.) – Sobre la evidencia de una información (2.7.)	– Negar algo para dar una interpretación nueva (2.8.) – Sobre la veracidad de una información (2.9.) – Pedir y dar aclaraciones (2.10.) – Preguntar si se entiende/ha entendido lo que uno mismo ha dicho (2.11.) – Hacer un inciso (2.12.)

¡OJO!

- Paradigma del condicional regular e irregulares más frecuentes (4.1.)
- Usos del imperfecto: expresión de la decepción (4.2.)
- Cuando + presente, presente (4.3.)
- Me ha ido / me han ido: concordancia de sujeto gramatical (4.4.)
- Mucho / tanto (4.5.)

- Verbos y expresiones sobre estados de ánimo: poner / ponerse (4.6.)

- Lo + adjetivo (4.1.)
- Paradigma del pluscuamperfecto (4.2.)
- Impersonalidad (4.3.)
- Indefinido del verbo decir (4.4.)
- Dijo que... (4.5.)
- Paradigma del presente de subjuntivo regular e irregulares más frecuentes (4.6.)
- Paradigma del perfecto de subjuntivo (4.7.)

- Nombre + que + presente de subjuntivo (4.8.)
- No puede ser que... (4.9.)

- Paradigma del pretérito indefinido regular e irregulares más frecuentes (4.1.)
- Imperfecto / indefinido (4.2.)
- Imperfecto de habitualidad (4.3.)
- Indefinido: valoración de una actividad o período (4.4.)
- Volver a + infinitivo (4.5.)
- Aquel de / aquel que (4.6.)

- Cuando + presente de subjuntivo (4.7.)
- Pasar / pasarlo (4.8.)

- Usos del subjuntivo: expresión de sentimientos (sorpresa / preocupación, pena, alegría) (4.1.)
- Usos del subjuntivo: pedir permiso o acciones a otros (4.2.)
- Usos del subjuntivo: expresión de deseos (4.3.)
- Usos del subjuntivo: hipótesis (4.4.)
- Paradigma del pretérito imperfecto de subjuntivo (4.5.)

- Paradigma del futuro perfecto (4.6.)
- Futuro de probabilidad (4.7.)

- Usos del subjuntivo: expresión de opiniones (4.1.)
- Usos del subjuntivo: evidencia y veracidad (4.2.)
- Usos del subjuntivo: aunque (4.3.)
- Usos del subjuntivo: no es que... (4.4.)
- No... sino, no... sino que (4.5.)

SIGNOS CONVENCIONALES

O , ● ,...:   código de interlocutores.

Cajas blancas: incluyen los exponentes nuevos de las funciones que articulan la unidad.

Cajas azules: categorías léxico-gramaticales que pueden usarse.

Caja abierta: indica la posibilidad de ampliar la lista con elementos equivalentes que el alumno ya conoce o que necesite, según criterio del profesor o demanda del grupo.

Caja cerrada: se restringe la posibilidad anterior, bien por contener un inventario cerrado, bien por exigencias didácticas.

                        – En el **apartado 2** no todos los elementos de las cajas son combinables. Cuando esto sucede, deberá leerse el primer elemento de la primera caja con los primeros de las siguientes y así sucesivamente.

Llaves: señalan la posibilidad de elegir entre varias opciones, incluido el caso de dos o más exponentes de una misma función.

Paréntesis: señala que un elemento no tiene que estar obligatoriamente presente.

Flecha: indica el orden de posibles combinaciones de elementos.

Remisión a otra
función o noción: en ocasiones la realización de una determinada función va indisolublemente ligada a otra o a una noción general, lo que se señala con una caja con el título de la misma.

1

YO, POR EJEMPLO, ...

1. ¿Qué me cuentas?

1.1. En un vuelo de Nueva York a Madrid

- ● ¿Y qué tal le ha ido?
- ○ Pues, sinceramente, no tan bien como esperaba, pero... ¡qué le vamos a hacer! ¡Así es la vida!

- ● ¿Y ya tiene casa?
- ○ No. De momento iré a un hotel. Por cierto, Ud. que es de Madrid, ¿conoce alguno céntrico y bien de precio?
- ● Hombre, el Victoria, por ejemplo, no está mal.
- ○ ¿Y cree Ud. que es complicado encontrar apartamentos amueblados?
- ● No, no mucho.

- ● ¿Cómo es que Ud. habla tan bien español?
- ○ Es que soy de origen mejicano. ¿Y Ud. qué ha estado haciendo en E.E.U.U.?
- ● Bueno, estuve un par de meses viviendo en Nueva York, trabajando en las Naciones Unidas, y luego, en Boston.
- ○ ¿Y qué hacía en las Naciones Unidas?
- ● Es que soy intérprete y fui con una delegación del gobierno español.
- ○ ¡Ah! Muy interesante.

● Aquí tiene mi tarjeta. Espere que le anoto el teléfono del despacho.
○ Tenga la mía. Si me necesita, ya sabe dónde puede encontrarme.

● Pienso buscar trabajo en Madrid pero no sé qué tal me irá...

● ¿Ud. qué cree que es mejor: coger un avión hasta Bilbao o ir en tren?
○ No sé... Yo, en su lugar, iría en avión.

1.2. Dos amigos comentan su carácter

● Lo que más me gusta de ti es que eres muy abierto.
○ No creas... Parezco muy sociable pero cuando alguien me cae mal...
Tú sí que tienes buen carácter.
● ¡Psé! Lo que me pasa a mí es que me tomo las cosas con calma y, cuando me enfado, se me pasa enseguida.
○ Yo, por ejemplo, cuando me pongo nervioso, soy muy poco diplomático.
● Bueno, porque tú eres muy espontáneo y eso está muy bien.
○ Sí, pero no siempre.

2. Se dice así

2.1. Al dar la propia tarjeta o la dirección

- Tome/a, (aquí tiene/s) / **Tenga/Ten** mi | tarjeta / dirección / teléfono | (particular)

- Si me necesita/s, ya sabe/s dónde | estoy / encontrarme

2.2. Pedir información sobre la facilidad o dificultad de conseguir algo

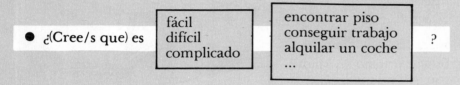

- ¿(Cree/s que) es | fácil / difícil / complicado | encontrar piso / conseguir trabajo / alquilar un coche / ... | ?

2.3. Pedir y dar consejo

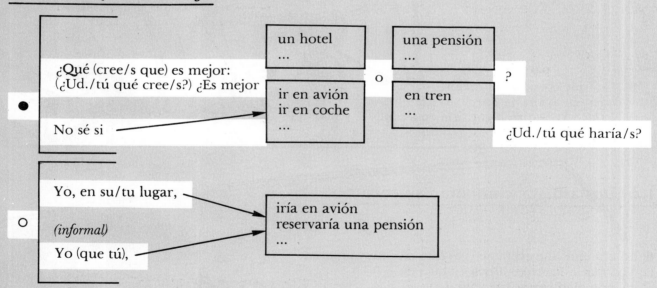

- ¿**Qué** (cree/s que) es mejor: / (¿Ud./tú qué cree/s?) ¿Es mejor | un hotel / ... | una pensión / ... | o | ?

  No sé si | ir en avión / ir en coche / ... | en tren / ... | ¿Ud./tú qué haría/s?

- Yo, en su/tu lugar,

  (informal)

  Yo (que tú), | iría en avión / reservaría una pensión / ...

2.4. Justificación de la petición de consejo o información

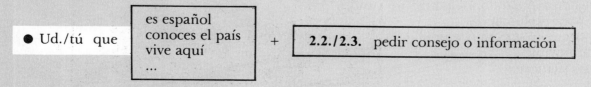

- Ud./tú que | es español / conoces el país / vive aquí / ... | + | **2.2./2.3.** pedir consejo o información

2.5. Valorar un período

● ¿Qué tal (le/te [ha ido / fue]) [el viaje / la estancia en E.E.U.U. / el trabajo / ...] ?

○ (No) Me ha ido muy bien.

2.6. Expresar decepción

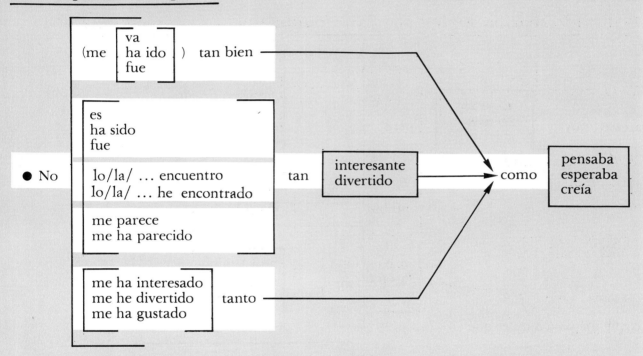

● No [(me [va / ha ido / fue]) tan bien] ... como [pensaba / esperaba / creía]

[es / ha sido / fue]

[lo/la/ ... encuentro / lo/la/ ... he encontrado] tan [interesante / divertido] como [pensaba / esperaba / creía]

[me parece / me ha parecido]

[me ha interesado / me he divertido / me ha gustado] tanto como [pensaba / esperaba / creía]

2.7. Expresar preocupación

● No sé [qué tal me irá / cómo saldrá / si voy a encontrar trabajo / ...]

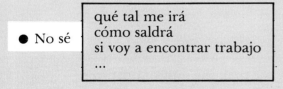

2.8. Expresar resignación

● ¡Qué le vamos a hacer! / ¡Así es la vida!

2.9. Preguntar por la causa de una actitud, un hecho o una actividad que sorprende

● ¿Cómo es que | habla tan bien español
no vas nunca en avión
fuiste a trabajar ayer
... | ?

2.10. Describir el propio carácter

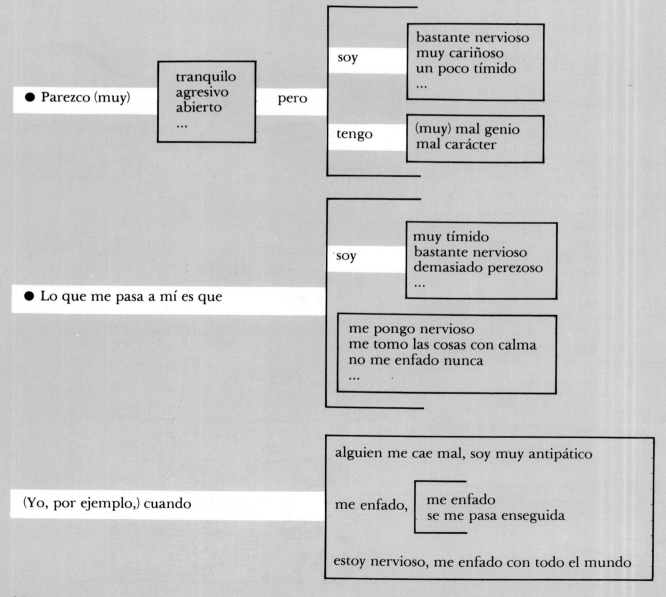

● Parezco (muy) | tranquilo
agresivo
abierto
... | pero

soy | bastante nervioso
muy cariñoso
un poco tímido
...

tengo | (muy) mal genio
mal carácter

● Lo que me pasa a mí es que

soy | muy tímido
bastante nervioso
demasiado perezoso
...

me pongo nervioso
me tomo las cosas con calma
no me enfado nunca
...

(Yo, por ejemplo,) cuando

alguien me cae mal, soy muy antipático

me enfado, | me enfado
se me pasa enseguida

estoy nervioso, me enfado con todo el mundo

2.11. Valoración positiva del carácter de alguien

eres muy

> generoso
> sociable
> cariñoso
> ...

● Lo que más me gusta de ti es que

> tienes muy buen carácter
> te llevas bien con todo el mundo
> nunca te pones de mal humor
> ...

2.12. Comparar caracteres

● Valoración o descripción positivas

○

No creas
¿Tú crees?
¿Yo?

Sí, a veces.

Tú sí que

eres

> tranquilo
> diplomático
> ...

tienes

> paciencia
> buen carácter
> ...

¡QUÉ PACIENCIA TIENES!

NO CREAS

3. Y ahora tú

3.1.

Pide consejo:	Sobre:	
1. A un amigo que entiende mucho de cine	– una película para ver	"El perro Andaluz" de Buñuel. "El imperio de los sentidos" de Oshima. "Carmen" de Saura. "La guerra de las galaxias" de Lucas.
2. A un español que encuentras en el avión	– una zona española para pasar las vacaciones	En las Rías Gallegas En la Costa del Sol En Madrid En los Pirineos
3. A un profesor chileno de literatura	– una novela hispanoamericana	"Cien años de soledad" de García Márquez "Rayuela" de Cortázar "El siglo de las luces" de Carpentier "El Aleph" de Borges
4. A un amigo médico	– un regalo para un médico	Una pluma Un encendedor Un alfiler de corbata Una botella de whisky
5. A alguien que conoce muy bien la ciudad	– un restaurante típico	de cocina vasca de cocina argentina de cocina castellana de cocina mejicana

Y ahora pregunta sobre la facilidad/dificultad de:

1. – encontrar entradas
   – comprensión de la película
2. – encontrar hotel
   – encontrar artesanía a buen precio
3. – de comprensión
   – de conseguirla en tu país.

3.2.

Habla con tu compañero y pregúntale cómo se comporta él en alguna de estas situaciones.
Compara su actitud con la tuya:

1. Un buen amigo te pone mala cara y no sabes por qué.
2. Alguien llega tarde a una cita.
3. Alguien te cae mal pero tienes que relacionarte con él.
4. No conoces a casi nadie en una reunión.
5. Descubres que un amigo te ha mentido.
6. Alguien empieza a hablar bien de ti en público.
7. Un desconocido quiere charlar contigo en un tren.
8. No puedes hacer algo que te haría mucha ilusión.

3.3.

Discutid en grupo
quién de vosotros es más adecuado
para realizar estos trabajos
y quién no, justificándolo:

RELACIONES PÚBLICAS
MUJER

Para desarrollar las funciones
nacional y extranjero en los niveles
de venta y relaciones públicas

SE REQUIERE:
- Titulación superior, Lcda. en Económicas (preferentemente ICADE, ESTE, DEUSTO, ESADE). Se valorará un título de post-grado.
- Edad: 25/35 años.
- Dominio total de Inglés/Francés, hablado y escrito.
- Experiencia mínima de dos años en puesto similar.
- Personalidad dinámica, creativa y agradable, que le permita relacionarse en todos los niveles.
- Presencia impecable.
- Gran capacidad de organización y control.
- Residencia habitual en Jerez, con frecuentes desplazamientos nacional/extranjero.

SE OFRECE:
- Incorporación inmediata.
- Amplias posibilidades de promoción y desarrollo.
- Dependencia directa con la Dirección General.
- Absoluta reserva a colocadas.
- REMUNERACIÓN ACORDE CON LAS AMPLIAS EXIGEN-CIAS DEL PUESTO.

Interesadas, enviar "c. v.", adjuntando fotografía reciente y teléfono, a: **RAIMUNDO FERRER, S. A.,** Parque Avenida, Edificio
Jerez 74, escal, 3, planta 3ª, nº 3. Jerez de la Frontera. Refª RP-84.

(INEM EM - Jerez 12702)

Dispuesto a desarrollar una carrera profesional
en el ámbito de la fabricación

SE NECESITA

INGENIERO SUPERIOR

- Preferentemente con experiencia de varios años en taller, en producción o control de calidad, aunque no es imprescindible.
- Dinámico, con buenas aptitudes para el mando, para comprender y convencer.
- Abierto a las realidades de la Industria, que no dude en comprobar por sí mismo lo que deba ser visto.
- Con capacidad de análisis y síntesis.
- Deseablemente con unos conocimientos de francés que le permitan desenvolverse sin dificultad en sus contactos exteriores.

Los interesados deberán dirigirse, enviando "curricu-
lum vitae" detallado, a:

MICHELIN
Servicio de Personal - Ref. IL
Apartado 640. 47080 - VA...

Todavía existen profesiones con futuro

- Si tiene usted entre 25 y 35 años de edad... o de espíritu.
- Si le gustan las relaciones humanas.
- Si tiene energía emprendedora.
- Si no rechaza usted un trabajo de **VENTAS** y de **SERVICIOS.**
- Si dispone de tiempo suficiente (como mínimo media jornada).

ENVÍENOS SU HISTORIAL MANUSCRITO
AL APARTADO 14.300 DE MADRID

Nuestro **GRUPO ASEGURADOR** le aportará la **FOR-MACIÓN** y los **MEDIOS** para crear su propia **AGEN-CIA GENERAL**

3.4.

Habla con tu compañero escogiendo lo que más se adapta a su personalidad y valora su carácter:

● tú hablando de ti mismo
○ tu compañero

+

		sociable
		abierto
		espontáneo
		diplomático
ser	muy	tranquilo
	bastante	generoso
		cariñoso
		optimista
		realista
		sincero
		...

−

		cobarde
		egoísta
ser	un poco	tímido
	bastante	individualista
	muy	inseguro
		cerrado

tener buen carácter

ser una persona segura de sí misma

tener mal genio/carácter

	nervioso
	colorado
ponerse	histérico
	de buen/mal humor

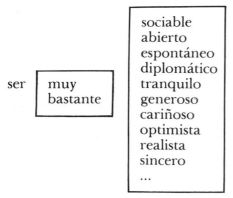

¡OJO!

	abierto	
POCO +	sociable	= negativo
	...	

LO QUE MÁS ME GUSTA DE TI ES QUE ERES MUY RICO

● Lo que más me gusta de ti es que tienes mucha paciencia.

○ No creas. Cuando me enfado, tengo muy mal carácter.

3.5.

Habla con tu compañero

● tú expresas preocupación
○ tu compañero te aconseja algo

Te encuentras en las siguientes situaciones:

- Tienes que ir urgentemente a Bilbao y tal vez no hay ya billete.
- Acabas de llegar a una ciudad y buscas alojamiento.
- Tienes una entrevista para un trabajo.
- Has hecho un examen y no estás seguro del resultado.

● *Tengo que ir a la policía a pedir el permiso de residencia. No sé si lo voy a conseguir.*

○ *Yo que tú, iría pronto.*

3.6.

Responde a estas frases utilizando:

> ¿Y qué tal le ha ido?
> ¡Qué le vamos a hacer!
> Eso está bien.
> ¿Cómo es que...?
> No creas, ...

1. ● Oye, es muy tarde, tenemos que irnos. ¡Qué pena!

   ○ _____

2. ● Lo que me pasa a mí es que siempre digo la verdad.

   ○ _____

3. ● Tienes demasiada paciencia.

   ○ _____

4. ● He estado cinco meses en Italia.

   ○ _____

5. ● ¿Sabes? Al final no fuimos a casa de Rita.

   ○ _____

3.7.

Pide consejo a tu compañero:

Tienes que reservar un hotel, en la costa o en la ciudad.

● *¿Qué crees que es mejor: reservar un hotel en la costa o en la ciudad?*

○ *Yo (que tú) reservaría un hotel en la costa.*

1. Tienes que regalarle algo a un amigo, algo personal o una cosa para casa.
2. Puedes ir a Sevilla en tren o en autobús.
3. Tienes que buscar piso. Puedes ir a una agencia o buscar en el periódico.
4. Pilar está enferma. Puedes llamarla o ir a verla.
5. Os vais de vacaciones con unos amigos. Podéis ir a un camping o a un hotel.
6. Vas a España. No sabes si visitar Granada o Madrid.
7. Vas a trabajar a Barcelona. No sabes si estudiar catalán o español.

3.8.

Realizas o has realizado estas actividades, tu compañero se interesa por ellas.

● tú
○ tu compañero

Has ido a una conferencia.

● *¿Qué tal la conferencia?*

○ *No* | *ha sido tan interesante* | *como* | *creía.*
| *me ha interesado tanto* | | *esperaba.*
| *tan bien* | | *pensaba.*
| *...*

1. Acabas de ver una película que te ha aconsejado Emilio y no te ha parecido muy divertida.
2. Has leído una novela que te ha recomendado Luis y no te ha parecido muy interesante.
3. Has estudiado mucho para un examen y lo has hecho bastante mal.
4. Pensabais divertiros mucho en una excursión con un grupo de amigos y lo habéis pasado regular.
5. Has ido a ver una obra de teatro de un autor muy conocido y no te ha gustado mucho.
6. Estás visitando una ciudad muy famosa y no te parece muy bonita.
7. Una persona de la que te han hablado positivamente no te ha caído bien cuando te la han presentado.

4. ¡Ojo!

4.1. Condicional

Regulares

| alquilar |
| coger |
| ir |

Irregulares

tener	→	tenDR
hacer	→	haR
salir	→	salDR
venir	→	venDR

+

| ÍA |
| ÍAS |
| ÍA |
| ÍAMOS |
| ÍAIS |
| ÍAN |

¡OJO!
Si el futuro es irregular, el condicional también lo es.

4.2. Usos del imperfecto

Acción terminada

PERFECTO

me ha gustado tanto
la he encontrado tan buena
ha sido tan interesante

No +

+ como +

IMPERFECTO

pensaba
creía
esperaba
decía el periódico
...

Acción aún no terminada

PRESENTE

me gusta tanto
la encuentro tan buena
es tan interesante

¡OJO! *Cuando se habla de películas, libros o de arte en general, se usa el verbo SER en presente.*

4.3. Cuando

Cuando + presente, presente.

● Yo soy muy tranquila, pero cuando me enfado, me pongo muy nerviosa.

4.4. Me ha ido/me han ido

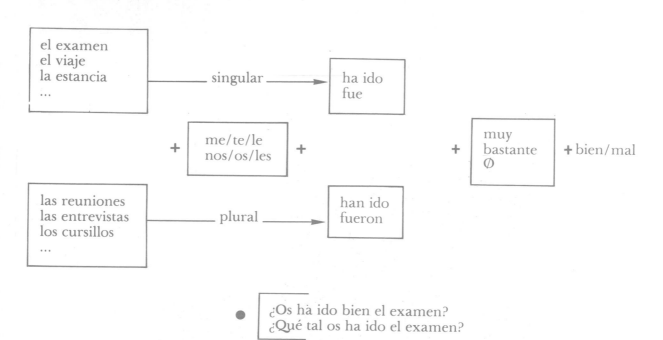

● ¿Os ha ido bien el examen?
¿Qué tal os ha ido el examen?

○ A mí me ha ido muy bien.

4.5. Mucho/tanto

A una réplica con:	Ø + fácil difícil complicado		MUY BASTANTE o -ÍSIMO + fácil difícil complicado	
Se contesta negativamente con:	MUY + adj./adv.	MUCHO	TAN + adj./adv.	TANTO

● ¿Es difícil alquilar un coche
  en este pueblo?

○ (No,) no mucho.

● ¿Verdad que es muy fácil encontrar
  piso en este barrio?

○ (No,) no tanto.

4.6. Verbos y expresiones sobre estados de ánimo: poner/ponerse.

(Yo) me pongo

José se pone
(Él)
(Vd.)

de mal humor
nervioso/a

en estas situaciones.

Estas situaciones

(a mí) me

(a José/él/Vd./...) le

ponen

de mal humor
nervioso/a

ESTA SITUACIÓN ME PONE MUY NERVIOSA

5. Dale que dale

5.1.

Completa con condicionales:

1. ● ¿Vd. qué cree que es mejor: coger este tren o esperar el otro?

   ○ No sé... Yo, en su lugar, (COGER)_____ el otro.

2. ● ¿Vd. va a Madrid? Pues, yo (RESERVAR)_____ hotel.

3. ● Pues, mire Vd... Yo, en su lugar, (VOLVER)_____ en avión.

4. ● ¿Tú qué crees que es mejor para ir al aeropuerto: ir en coche o coger el tren?

   ○ Yo que tú, (IR)_____en coche, pero (SALIR)_____una hora antes porque hay mucho tráfico.

5. ● ¿Crees que habrá billetes para Sevilla?

   ○ Pues, no lo sé. Yo (LLAMAR)_____ a Información.

6. ● ¿Todavía no has hecho las maletas? Yo que tú, las (HACER)_____antes de cenar.

7. ● ¿A qué hora tienes mañana la entrevista?

   ○ A las diez de la mañana.

   ● Yo que tú, (LLEGAR)_____una hora antes para ver el ambiente.

   ○ ¿Tú qué te (PONER)_____?

   ● Yo (LLEVAR)_____el traje azul.

5.2.

Completa:

1. ● Hola. ¿Qué tal (IR-a ti)_____ la entrevista? *(Sabes que fue ayer)*

   ○ No muy bien.

2. ● ¿Y qué tal (IR-a vosotros)_____ el viaje? *(No sabes cuándo han regresado)*

   ○ Pues, sinceramente, no muy bien.

3. ● ¿Qué tal (IR-a ti)_____ el trabajo? *(Estás con él en la oficina)*

   ○ Bastante bien.

4. ● ¿Cómo (IR-a ella)_____ el examen? *(Sabes que fue la semana pasada)*

   ○ Creo que muy bien.

5. ● ¿Qué tal (IR-a ellos)_____la estancia en París? *(No sabes cuándo han regresado)*

   ○ Pues, no lo sé, todavía no los he visto.

6. ● ¿Cómo (IR-a vosotros)_____las clases? *(Salís de clase)*

   ○ ¡Psé!

5.3.

Contesta negativamente usando mucho o tanto:

1. ● Usted que habla sueco, ¿verdad que aprender sueco es muy difícil?

   ○ Hombre, no_____.

2. ● A ti lo que te pasa es que tienes muy mal genio.

   ○ ¿Tú crees? No_____.

3. ● ¿Es difícil alquilar una casa en la costa?

   ○ Si la alquila en invierno, no_____.

4. ● Cuando me pongo nervioso, soy pesadísimo, ¿no?

   ○ No_____.

5. ● ¿Es complicado ir a tu casa desde aquí?

   ○ No_____.

6. ● ¿Es fácil encontrar trabajo en tu país?

   ○ Bueno, no_____.

7. ● Hacer este pastel es complicadísimo, ¿no?

   ○ No_____.

8. ● Estoy cansada. Este viaje es larguísimo.

   ○ No_____, sólo llevamos tres horas de vuelo.

¿VERDAD QUE ES DIFICILÍSIMO?
NO TANTO

5.4.

Completa con el verbo PONER y los pronombres adecuados:

1. Yo, en este tipo de situaciones_____de mal humor.

   A mí, estas situaciones_____de mal humor.

2. Francisco, cuando está con Tere y Luis, _____ nervioso.

   A Francisco, Luis y Tere_____nervioso.

3. Pepe y yo, cuando oímos las noticias,_____de mal humor.

   Las noticias, a Pepe y a mí,_____de mal humor.

4. La gente hipócrita_____histérico.

   _____histérico cuando veo que la gente es hipócrita.

5. ¿Tú no_____colorado cuando te presentan a alguien?

5.5.

Relaciona:

● ¡Qué buen carácter tienes! ¿Todavía estás enfadado? ¿Qué te pasa? ¿Estás de mal humor? Esta mañana te has enfadado con Isabel, ¿no? ¿Qué tal te llevas con Ricardo? Tienes que tomarte las cosas con calma.	○ No me cae muy bien, ¿y a ti? No creas, a veces tengo muy mal genio. Sí, es verdad, a veces me pongo muy nervioso. No, ya se me ha pasado. Sí, es que a veces me pone nervioso. Sí, es que me he puesto muy nervioso.

5.6.

Completa las frases con los verbos de la lista y los pronombres adecuados:

tomarse las cosas con calma	pasársele (algo a alguien)
poner nervioso	llevarse (bien/mal)
ponerse nervioso	irle (a alguien bien/mal)
enfadarse	caer (bien/mal)

1. ¡Qué buen carácter tienes! Nunca _____, _____con todo el mundo.

2. Esta mañana _____con Isabel. Sinceramente, a veces _____.

3. ¿Todavía estás de mal humor o ya_____?

4. ¿Qué tal _____ tú con Rodolfo? A mí no _____ bien. Lo encuentro un poco agresivo.

5. ¿Qué tal _____ a vosotros las clases hoy?

6. Hay que _____. Si nos ponemos nerviosos, no arreglaremos nada.

7. Me parece que Teresa no _____ nada bien con su suegra.

8. Estoy de muy mal humor porque hoy todo _____ mal.

6. Todo oídos

6.1.

Escucha y contesta a las preguntas:

1. ¿Cómo es?
2. ¿Cuál es su problema?
3. ¿Qué le aconseja Magdalena Francés?
4. ¿Qué le aconsejarías tú?

1. ¿Cómo crees que es esta chica?
2. ¿Qué le pasa?
3. ¿Se lleva bien con su novio?
4. ¿Qué crees que va a hacer?
5. ¿Qué consejo le da Magdalena Francés?
6. ¿Y tú, qué le aconsejarías?

6.2.

Escucha esta entrevista y explica cómo es Augusto Catedrales.

_____

_____

_____

_____

_____

_____

7. Tal cual

ARIES
Carácter excepcional, fuerza, poder, éxito.

Personificación de la fuerza vital y los que por instinto dirigen a los demás. Ansia de dominio, sinceridad en las pasiones, optimismo, ambición e idealismo, pero todo ello con cierta tendencia a la exageración y a la impulsividad.
Signos favorables: Leo, Sagitario, Géminis y Acuario. Puede tener conflictos con los nacidos en Cáncer, Capricornio y Libra.

TAURO
Carácter contradictorio. Realista y vulnerable.

Se asocian fácilmente a personas importantes. Cuidan sus relaciones. Saben ser útiles con encanto y simpatía. Colaborador excelente, espíritu positivo, se ganan la confianza de todos al dar una impresión de solidez. Son reservados y discretos. No les gustan las discusiones, se ofenden con facilidad, perdonan pocas veces y no admiten de buen grado los consejos de los demás.
Signos favorables: Virgo, Capricornio, Cáncer y Piscis. Leo, Escorpión y Acuario no le traen suerte.

GÉMINIS
Carácter inasequible. Dualidad constante.

Los nacidos bajo este signo son difíciles de entender. Son compañeros cautivadores, amigos tanto difíciles como serviciales. Necesitan cariño y protección. Generalmente muy cerebrales y no manifiestan la ternura. Muy variables. Hábiles y dinámicos. Tienen mucho éxito en su actividad profesional. Inconstantes.
Signos favorables: Aries, Libra y Acuario. No se llevan bien con Piscis, Virgo y Sagitario.

CÁNCER
Carácter difícil y reservado. Naturaleza imaginativa e irreal.

Imaginativos. Sufren por su gran sensibilidad. Son muy hogareños y buscan protección. Brillantes. Gran capacidad de trabajo y tenacidad. Espíritu intuitivo. Pacientes y con buen gusto. No les gustan las discusiones, las brusquedades y la curiosidad por su vida privada. Vengativos, exigentes y autoexigentes.
Signos favorables: Tauro, Escorpión, Virgo y Piscis. No se llevan bien con Aries y Libra.

LEO
Carácter radiante y generoso. Afición al lujo.

Gran humanidad, generosidad. Espontáneo e impulsivo. Activo, seguro y autoritario. Tendencia a la vanidad. No es vengativo pero sí colérico. Desea más la obediencia que la discusión. Le encantan las riquezas y triunfar. La vida espiritual no le interesa en primer término. Es hospitalario. Puede carecer de buen gusto. Si no triunfa, puede volverse neurasténico y acomplejado.
Signos favorables: Sagitario, Aries, Libra y Géminis. Tauro, Escorpión y Acuario son incompatibles.

VIRGO
Carácter conformista. Inteligencia crítica.

Les gusta la moderación, el orden, la precisión y no toleran la exageración. Acusado sentido crítico y analítico. Gran entrega en el trabajo pero se enfadan con las pequeñas dificultades. Deseo de cultura y perfección moral. Puede volverse pedante, egoísta e indiferente. Mentirosos.
Signos favorables: Capricornio, Tauro, Escorpión y Cáncer. Incompatibles con Gémins, Sagitario y Piscis.

LIBRA
Carácter sutil pero muy racional.

Elegantes y bien parecidos. Consiguen siempre un equilibrio interior y exterior. Gran sentido de la justicia. Muy calculadores. Huyen de las cosas complicadas. Presentan la verdad con diplomacia. Si hay problemas, se vuelven irritables. Parecen sumisos pero no lo son.
Signos favorables: Géminis, Leo, Sagitario y Acuario. Incompatibles con Capricornio, Cáncer y Aries.

ESCORPIO
Carácter apasionado. Destino fuera de serie.

Dinámicos, vitales, espirituales pero una gran lucha interior. Atracción por los peligros. Parecen espontáneos y sinceros pero son inquietos y reservados. Hipersensibles. Reaccionan con firmeza. No renuncian a sus aspiraciones. Luchadores y observadores. Realistas. Se sienten atraídos por lo mágico y lo espiritual. Tendencia a las depresiones y crisis de autodestrucción.
Signos favorables: Piscis, Capricornio Virgo y Cáncer. Incompatibles con Leo, Acuario y Tauro.

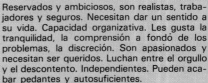

SAGITARIO
Carácter equilibrado. Sentido filosófico.

Les gustan los combates. Activos, rápidos en la comprensión y en la acción, violentos a veces. Les gustan las aventuras, los viajes y los deportes. Grandes conversadores. Necesitan la admiración de los demás. Dogmáticos. Tendencia a almacenar cosas. No aceptan las críticas. No disimulan sus sentimientos. Tendencia a ser tacaños.
Signos favorables: Aries, Acuario, Libra y Leo. Incompatible con Virgo, Piscis y Géminis.

CAPRICORNIO
Carácter tenaz. Espíritu desarrollado.

Reservados y ambiciosos, son realistas, trabajadores y seguros. Necesitan dar un sentido a su vida. Capacidad organizativa. Les gusta la tranquilidad, la comprensión a fondo de los problemas, la discreción. Son apasionados y necesitan ser queridos. Luchan entre el orgullo y el descontento. Independientes. Pueden acabar pedantes y autosuficientes.
Signos favorables: Tauro, Virgo, Escorpio y Capricornio. Dificultades con Aries, Leo y Libra.

ACUARIO
Carácter inventivo. Espíritu adivino.

Individualistas, imaginativos, sin dogmas ni restricciones, grandes inventores. Odian la rutina, la pedantería, la indecisión. Excéntricos. Les gustan los enigmas, el ocultismo y lo inesperado. Muy sociables. Perezosos. Nada metódicos, son, también, muy inestables. A veces egoístas e inmoderados.
Signos favorables: Géminis, Sagitario y Aries. Conflictos con Tauro, Escorpio y Leo.

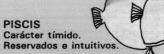

PISCIS
Carácter tímido. Reservados e intuitivos.

Aparentemente tranquilos pero llenos de contradicciones e incertidumbres. Muy indecisos y temerosos. Les asusta la responsabilidad de la iniciativa y el miedo a equivocarse. Hospitalarios y generosos. Tendencia a la melancolía. Necesitan disciplinarse para no autodestruirse. No les gusta mucho el trabajo, aunque trabajan con seriedad.
Signos favorables: Tauro, Cáncer, Capricornio y Escorpio. Géminis, Sagitario y Virgo no les van bien.

9. Somos así... ¡qué le vamos a hacer!

🔳 "Si te quiero es porque sos, mi amor, mi cómplice",
Nacha Guevara

"Realmente hablo muy poco, soy muy tímida, pero también me gusta mucho escuchar a la gente, ver sus caras, sus reacciones, yo en la vida he tomado el papel de observadora..."
Josefina Molina
(Directora de cine)

"Soy tímido, haragán e irresponsable"
J.L. Borges
(Escritor)

"Soy liberal, monárquico, progresista, catalán y golfo"
Antonio de Senillosa
(Ex senador y periodista)

"¿Por qué tiene uno que hablar de sí mismo? Acabas diciendo vaguedades mal expresadas, que nunca se exponen con la misma claridad que se piensan"
Mario Camús
(Director de cine)

"Sigo siendo la misma, soy igual que cuando tenía diez años"
Rosa Chacel
(Escritora)

"Soy optimista, pese a todo. Pero cuesta, cada día cuesta más mantener ese optimismo."
Ana Diosdado
(Guionista y actriz)

"Soy un defensor de que el hombre asuma su papel de lobo solitario. Un hombre nunca debería estar en una manifestación".
Camilo José Cela
(Escritor y académico)

"Soy un tipo muy raro, ni sentimental ni frívolo, probablemente lo que mejor me cuadra es lo de asturiano"
Balbín
(Presentador de Televisión)

(Ana) - Durante muchos años creí que tú eras un hombre sereno y estable, un hombre muy fuerte. Claro, yo era bastante joven y tú, un adulto. Ahora he comprendido que vas de supermán por la vida, y esos son lujos que se pagan muy caros... ¿Te das cuenta de que durante todo este tiempo no me has contado nada personal, nunca, nada, ni una duda, ni una preocupación, no has mostrado una sola fisura? Eres un hombre perfecto, al parecer. Sin crisis, sin depresiones, sin vacilaciones... qué maravilla.

(José María) - No te contaba nada de mis problemas porque temía aburrirte con ellos. En realidad nos veíamos muy poco y no quería ser pesado...
Crónica del desamor,
Rosa Montero

YA ESTÁ BIEN, OIGA

1. ¿Qué me cuentas?

1.1. En el claustro del monasterio de Silos

● El monasterio se empieza a construir cuando llega Santo Domingo a Silos, en el año 1041. Cuando muere, el claustro está a medio hacer. Posteriormente, a fines del siglo XI y durante el XII, se va terminando. Por eso, encontramos esta mezcla de estilos. Fíjense en los ábsides que son claramente posteriores a esos capiteles de ahí.

● ¿Y esa escena qué significa?
○ ¡Qué pesado! Siempre quieres entender todo lo que ves.
● Es que cuando ves algo así, te dan ganas de saberlo todo.

● ¿A ti no te encanta?
○ ¿Encantarme? ¡Me entusiasma!
▲ Pues a mí el románico no me dice nada.

● ¡Mira qué cosa tan rara!
○ ¡Qué curioso! Nunca había visto algo así.

● ¡Qué bien haber venido! ¡Qué buena idea has tenido!
○ Ha sido idea suya.

● Es una maravilla. A ti no sé pero a mí me gusta muchísimo.
○ Sí, es realmente precioso.

● Y eso que ves ahí es la antigua farmacia. El guía ha dicho que se conserva tal como estaba en el siglo XVIII.

● ¿La salida?
○ Por ahí.
● Gracias.
○ No hay de qué.

1.X De camping

Oiga, ¿cómo es que el bar todavía está cerrado? En la puerta pone que abren a las nueve.
Lo siento mucho, señor. Es que aún lo están limpiando.

¿Cómo lo hacemos?
Me lo corta por aquí y sin raya.

¿Podría tenérmelo para mañana?
Haré todo lo posible pero no se lo aseguro.

¿Verdad que el supermercado abre a las ocho? Pues no está abierto. Esto es un desastre.

Oiga, hay dos duchas que no funcionan desde hace tres días. No puede ser que nos tengamos que duchar con agua fría.
Sí, sí, es verdad. No hay derecho. Tendrían que arreglarlas.
Ayer ya vine a protestar y me dijeron que hoy estarían arregladas. ¡Ya está bien, oiga!

¿Alquilan tiendas?
Sí, ¿para cuántas personas la quiere?
Para tres, pero que no sea muy pequeña, por favor.

¿Hay plazas libres para caravana?
Sí, quedan algunas.
¿Me puede decir los precios?
Son 350 ptas. diarias por coche, 375 ptas. la caravana y 340 ptas. por persona.

Es un camping muy tranquilo.

35

2. Se dice así

2.1. Llamar la atención hacia algo

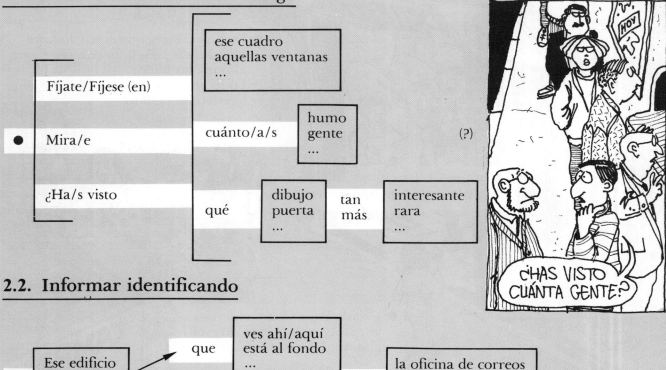

- Fíjate/Fíjese (en) — ese cuadro / aquellas ventanas / ...

- Mira/e — cuánto/a/s — humo / gente / ...   (?)

- ¿Ha/s visto — qué — dibujo / puerta / ... — tan / más — interesante / rara / ...

¿HAS VISTO CUÁNTA GENTE?

2.2. Informar identificando

- Ese edificio / Esta casa / Eso/Esto / ...
  - que — ves ahí/aquí / está al fondo / ...
  - de — ahí/aquí / la izquierda / ...
  - es — la oficina de correos / el claustro / un palacio del s. XVI / ...

2.3. Expresar extrañeza o asombro

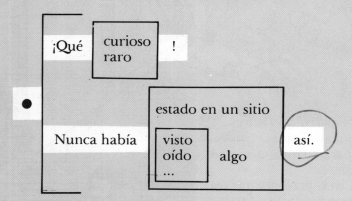

- ¡Qué — curioso / raro — !

- Nunca había — estado en un sitio / visto / oído — algo — así.

2.4. Expresión de satisfacción ante una actividad realizada

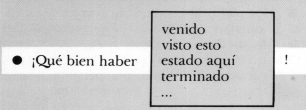

- ¡Qué bien haber — venido / visto esto / estado aquí / terminado / ... — !

2.5. Expresar gustos y sensaciones o hacer una valoración general de algo

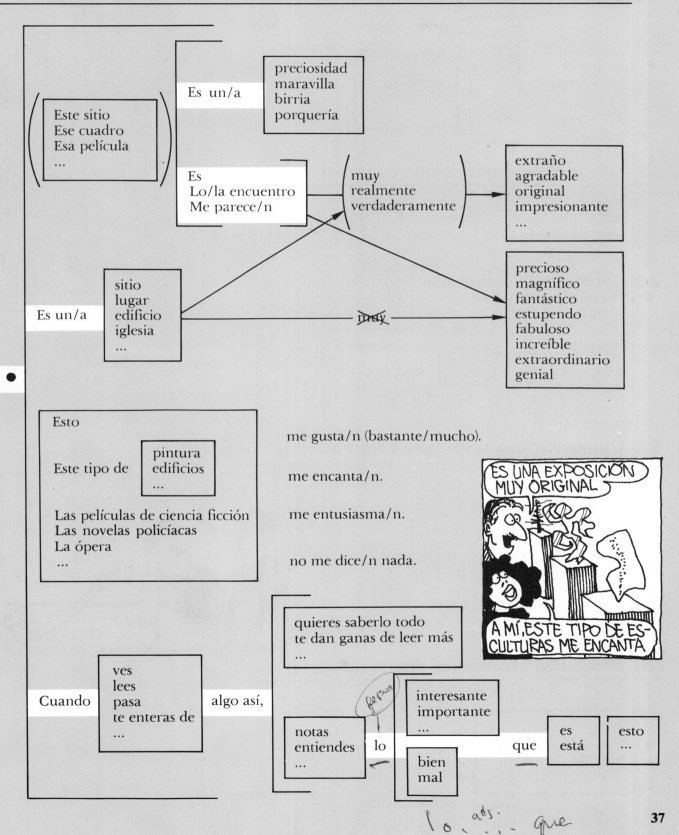

Este sitio
Ese cuadro
Esa película
...

Es un/a → preciosidad / maravilla / birria / porquería

Es
Lo/la encuentro
Me parece/n
→ muy / realmente / verdaderamente → extraño / agradable / original / impresionante / ...

Es un/a

sitio
lugar
edificio
iglesia
...

→ ~~muy~~ → precioso / magnífico / fantástico / estupendo / fabuloso / increíble / extraordinario / genial

Esto

Este tipo de — pintura / edificios / ...

Las películas de ciencia ficción
Las novelas policíacas
La ópera
...

me gusta/n (bastante/mucho).

me encanta/n.

me entusiasma/n.

no me dice/n nada.

Cuando

ves
lees
pasa
te enteras de
...

algo así,

quieres saberlo todo
te dan ganas de leer más
...

notas
entiendes
...

lo

bien
mal

interesante
importante
...

que es / está esto ...

ES UNA EXPOSICIÓN MUY ORIGINAL

A MÍ, ESTE TIPO DE ESCULTURAS ME ENCANTA

37

2.6. Hacer cumplidos tras una actividad sugerida por otros

● ¡Qué buena idea | ha/s tenido!

| haber | venido
visto esto
estado aquí
... | !

2.7. Solicitud de confirmación de una sensación

● A ti no sé pero a mí | me encanta
me entusiasma
...

Tú no sé pero yo lo encuentro | precioso
fantástico
...

Expresión de sensaciones + ¿A ti no te | pasa
encanta
gusta
... | ?

2.8. Compartir una sensación o valoración intensificándola

● ¿No te | gusta
encanta | ?

○ ¿Gustarme? Me encanta.

¿Encantarme? Me entusiasma.

2.9. Pedir algo precisando alguna característica

● 200 gr. de jamón
Una habitación doble
Un café
... | (pero) que (no) | sea bueno
tenga baño
esté muy caliente
...

2.10. Quejarse, reclamar, protestar

¿Verdad que
- abren a las siete
- me dijeron que estaría para hoy
- comentó que vendría hoy

? Pues
- está cerrado
- no está
- no ha venido
- ...

Tendrían que
- avisar
- decirlo
- solucionarlo
- ...

- No hay derecho
- No puede ser
- Ya está bien

, (oiga)

No puede ser que
- aún no esté
- no lo hayan arreglado todavía
- funcione tan mal
- ...

2.11. Pedir un servicio para un momento determinado

● ¿Podría/n
- arreglármela
- tenérmelo
- venir
- traérmelo
- ...

- enseguida
- cuanto antes
- ahora mismo

para
- la semana que viene
- mañana
- hoy
- las tres
- ...

?

¿PODRÍA ARREGLÁRME-LOS CUANTO ANTES?

2.12. Preguntar por la existencia de un servicio

● ¿
- Tienen servicio de lavandería
- Reservan mesas
- Lavan coches
- ...

?

3. Y ahora tú

3.1.

Estás en el parador de:

pero:

MERIDA (Badajoz) ⌁ ✉ ☎ $ ♈ ⌖ ⋔ ☐ ◔ ▦
PARADOR NACIONAL «VIA DE LA PLATA»**
A 61 Km. de Badajoz y 343 de Madrid. Teléfono: 924/30 15 40. Dirección telegráfica: PARAL.
• ♈ ⌁ $ Ʋ ❄ ∿ ☎ ☐ ☐ ☐ ⟂ 228 m.

– el aire acondicionado
  no funciona.

ALCALA DE HENARES (Madrid) ⌁ ✉ ☎ $ ☐ ◔ ▦
HOSTERIA NACIONAL «DEL ESTUDIANTE» ♈♈♈♈
A 29 Km. de Madrid y 26 de Guadalajara. Teléfonos: 91/888 03 30 y 888 10 44.
• $ ∿ ☎ Ʋ ❄ ⟂ 588 m.

– la calefacción no funciona.
– no quieren cambiarte
  moneda extranjera.

BENICARLO (Castellón) ⌁ ✉ ☎ $ ◑ ⚓ ▦ ⌒
PARADOR NACIONAL «COSTA DEL AZAHAR»*
A 70 Km. de Castellón, 218 de Barcelona, 134 de Valencia y 484 de Madrid.
Teléfonos: 964/47 01 00 - 09 - 34. Dirección telegráfica: PARAL.
• ♈ ⌁ $ ◔ ❄ ☐ ☐ ∿ ☎ ⌒ ⟂ 0 m.

– la piscina no tiene agua.
– las pistas de tenis
  están cerradas.

SOS DEL REY CATOLICO (Zaragoza) ⌁ ✉ ☎ $ ☐
PARADOR NACIONAL «FERNANDO DE ARAGON»*
A 122 Km. de Zaragoza, 64 de Pamplona, 108 de Canfranc (frontera) y 443
de Madrid. Teléfono: 948/88 80 11. Dirección telegráfica: PARAL.
• ♈ ⌁ ☐ ☐ ☐ ∿ ☎ ❄ ⊠ ⟂ 652 m.

– el jardín está en obras.
– el ascensor no funciona.

SIGNOS CONVENCIONALES RELATIVOS AL ESTABLECIMIENTO

☎ Teléfono	⌒ Garaje
♈ Bar	∿ Calefacción central
$ Cambio de moneda	⋔ Tiendas
☐ Aire acondicionado en salones	◑ Piscina
☐ Aire acondicionado en comedor	❄ Jardín
☐ Aire acondicionado en habitaciones	❄ Habitaciones con salón
⊠ Ascensor	☎ Omnibus a estación o aeropuerto
✴ Sitio pintoresco	◢ Playa
$ Sitio céntrico	⛳ Golf
Ʋ Edificio histórico	⌒ Tenis
⟂ Altura sobre el nivel del mar	⚘ Sauna o gimnasio

SIGNOS CONVENCIONALES RELATIVOS A LA POBLACION

⌁ Telégrafo	♈ Caza	◔ Plaza de toros
✉ Correos	⌒ Pesca	▲ Deportes de montaña
☎ Teléfono	⚓ Deportes náuticos	▦ Ferrocarril
$ Cambio de moneda	▦ Ciudad monumental	↑ Aeropuerto
◑ Playa cercana	☐ Museos	⌒ Puerto

● *¿Cómo es que hace tanto calor en la habitación?*
  Aquí pone que hay aire acondicionado.

3.2.

Imagina que has estado en estos lugares. Comenta estas fotos con tu compañero:

● tú
○ tu compañero

● _Mira, éstas son las casas colgadas de Cuenca. Se construyen en el siglo XIV y ahora está el Museo de Arte Abstracto. Fíjate en los balcones. A ti no sé, pero a mí me encantan estas cosas._

○ _Sí, son realmente impresionantes. Nunca había visto algo así._

Casas Colgadas (Cuenca, España). Siglo XIV. Actualmente Museo de Arte Abstracto Español. Elementos góticos.

Pirámide de Teotihuacán (Méjico). 50 kilómetros de Méjico, D.F. Zona arqueológica azteca. Otras pirámides, ciudadela y Monasterio de la Virgen de Guadalupe.

Acueducto de Segovia (Segovia, España). Siglo I. Romano. 160 arcos. Máxima altura: 29 m.

El Malecón (La Habana, Cuba). Típico paseo de La Habana. De la bahía al río Almendares.

Binibeca (Menorca, España). Años 70. Arquitectura tradicional menorquina. Paredes blancas, techos de teja árabe, balcones de madera y cerámica.

Calle Caminito (Buenos Aires, Argentina). Barrio porteño de la Roca, habitado por artistas. Al lado del Río de la Plata.

Palacio de la Música Catalana (Barcelona, España). Obra de Domenech-Montaner. 1905-1908. Edificio fundamental dentro de la arquitectura modernista catalana. Importantes conciertos de música clásica.

Trae algunas fotos o postales y explícaselas a tu compañero.

3.3.

Varias personas estáis esperando coger alguno de estos vuelos. Son las seis y media de la tarde y todavía no han anunciado ninguno. Protestad.

SALIDAS INTERNACIONALES

CIA	Nº VUELO	DESTINO	SALIDA	EMBARQUE
IB	782	ATENAS	16.10	14.00
IB	924	CAIRO	16.50	14.06
LH	171	FRANKFURT	16.50	14.06
BA	475	LONDRES	17.10	15.00
IA	628	MUNICH	17.10	15.09
KL	352	AMSTERDAM	17.10	

El primer vuelo cancelado en el aeropuerto de Barajas fue el de Madrid a Oviedo. A lo largo de la jornada de ayer fueron creciendo las muestras de malestar de los usuarios. Cada vez que por los servicios de megafonía de Barajas se difundían avisos sobre retrasos de algunos de los vuelos, varios pasajeros proferían gritos de "sinvergüenzas", "no hay derecho", y otros de protesta airada.

Sólo vuelos largo recorrido

Servicio de bar

Vermouth/*Bitter*	50 Ptas.
Jerez/*Sherry*	100 Ptas.
Licores/*Liqueurs*	
(Anís, Cointreau, Drambuie)	150 Ptas.
Brandy español/*Spanish Brandy*	150 Ptas.
Cava español/*Spanish Cava*	150 Ptas.
Ginebra/*Gin*	150 Ptas.
Ron/*Rum*	150 Ptas.
Vodka	150 Ptas.
Cognac V.S.O.P.	200 Ptas.
Whisky escocés Bourbon/*Scotch and Bourbon*	200 Ptas.
Whisky escocés reserva/*Premium Scotch*	300 Ptas.
Champagne (0,20 l)	300 Ptas.
**Cerveza/*beer*	50 Ptas.
**Vino de Rioja/*Rioja wine*	100 Ptas.

** Iberia le invita a una consumición de vino o cerveza con los servicios de comida a bordo.

Si tiene usted intención de realizar más de una consumición, le rogamos se lo indique al personal auxiliar en el momento de servirle. De otro modo, y dada la premura del tiempo, podría ser difícil atender a su petición. Gracias. Para no causarles molestias en el momento del cobro, le sugerimos tenga preparada la cantidad más aproximada.

Una vez en el avión:
- Has pedido una copa de jerez y la azafata no te la trae.
- Quieres pagar con tarjeta de crédito pero te dicen que no aceptan.
- Os quieren cobrar el vino que acompaña a la comida.
- Has tomado una cerveza y te cobran 100 pesetas.

- *Oiga, aquí pone que la cerveza cuesta 50 pesetas. No hay derecho.*

3.4.

Habla con tu compañero y comentad las sensaciones que os producen estas fotos:

● tú hablando de ti mismo
○ tu compañero

● *Fíjate en la cara del de la camisa blanca. ¡Es realmente increíble! ¿No te impresiona?*

○ *A mí este tipo de cuadros no me dice nada.*

3.5.

Tu compañero y tú os encontráis en estas situaciones. Protestad:

● tú
○ tu compañero

El ascensor del hotel está estropeado desde hace dos días.
Vuestra habitación está en el séptimo piso.

● _Oiga, ¿cómo es que el ascensor todavía no funciona? Tendrían que arreglarlo._

○ _Sí, es verdad. No puede ser que tengamos que subir siete pisos a pie._

1. Habéis reservado una mesa en un buen restaurante de la ciudad y no os la han guardado. Habláis con un camarero.

2. Se os ha estropeado el teléfono. Habéis protestado varias veces pero no vienen a arreglarlo. Vais a la Telefónica.

3. Queréis enviar una carta certificada. Correos abre a las ocho. Son las nueve y media pero la ventanilla está cerrada. Habláis con un empleado.

4. Llevásteis la tele a arreglar. Tenía que estar el martes pero no está. Habláis con el encargado.

5. Vuestro portero cada mañana está dos horas desayunando y no realiza su trabajo. Habláis con él.

4. ¡Ojo!

4.1. Lo + adjetivo

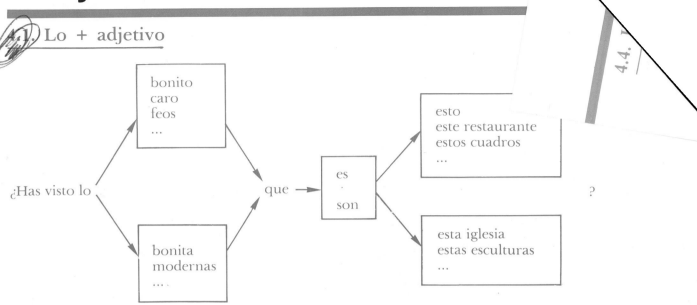

¿Has visto lo →

bonito
caro
feos
...

bonita
modernas
...

→ que → es · son →

esto
este restaurante
estos cuadros
...

esta iglesia
estas esculturas
...

?

4.2. Pluscuamperfecto

HABÍA
HABÍAS
HABÍA
HABÍAMOS
HABÍAIS
HABÍAN

+

estado
leído
visto
hecho
...

4.3. Impersonalidad

¿Reserv**an** mesas?

> 3.ª persona plural:

No importa quién lo hace.

Cuando viaj**as**, te d**as** cuenta de muchas cosas.

> 2.ª persona:

Se piensa que a todo el mundo le pasa lo mismo.

Esta catedral **se** empie**za** a construir en el s. XIV.

> SE + 3.ª persona:

No se sabe o no interesa quién lo hace.

DIJ	+	E ISTE O IMOS ISTEIS ERON

Igual que decir, conducir:

Ayer conduje tres horas por la autopista.

4.5. Dijo que ...

FUTURO ——————→ CONDICIONAL

Llegaré a las ocho.

| Ayer
El lunes
Hace dos días
... | me dijo que **llegaría** a las ocho. |

PRESENTE ——————→ IMPERFECTO

Todos los días **llega** a las ocho.

| Ayer
El lunes.
Hace dos días
... | me dijo que todos los días
llegaba a las ocho. |

4.6. Presente de subjuntivo

Regulares

−AR		−ER/−IR	
solucionar		abrir	
solucion +	e es e emos éis en	abr +	a as a amos áis an

Irregulares

−AR	presente de indicativo	presente de subjuntivo	
cerrar	cierro	cierr +	e es e ...
	cerramos cerráis	cerr cerr	
−ER/−IR tener poder decir hacer	tengo puedo digo hago	teng pued + dig hag	a as a ...

¡OJO!

haber → hay → hay + | a / as / a / ... | ir → vay +   saber → sep + | a / as / a / ... | estar → est + | é / és / é / emos / éis / én |

4.7. Perfecto de subjuntivo

| HAYA / HAYAS / HAYA / HAYAMOS / HAYÁIS / HAYAN | + | estado / leído / visto / hecho / ... |

4.8. Nombre + que + presente de subjuntivo

| Algo que buscamos o queremos | + QUE + | *condición especial* / presente de subjuntivo |

| Algo que ya tenemos o conocemos | + QUE + | *descripción* / presente de indicativo |

4.9. No puede ser que...

No puede ser que +

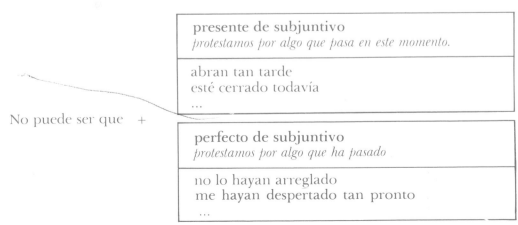

| presente de subjuntivo |
| *protestamos por algo que pasa en este momento.* |
| abran tan tarde / esté cerrado todavía / ... |

| perfecto de subjuntivo |
| *protestamos por algo que ha pasado* |
| no lo hayan arreglado / me hayan despertado tan pronto / ... |

5. Dale que dale

5.1.

Solicita estos servicios diciendo para cuándo los quieres:

Revelar un carrete de fotos.

● _¿ Podrían tenérmelo para mañana ?_

1. Limpiar un traje.
2. Arreglar unos zapatos.
3. Hacer unas fotocopias.
4. Un certificado.
5. Reparar un coche.

5.2.

Construye frases según el modelo:

¡Qué catedral más bonita!

● _¿ Has visto lo bonita que es esta catedral ?_

1. ¡Qué interesante es este artículo sobre Nicaragua!
2. ¡Qué lejos está este pueblo!
3. ¡Qué bien estamos en este hotel!
4. ¡Qué camarero tan estúpido!
5. ¡Qué columnas tan originales!
6. ¡Qué sitio tan extraño!

5.3.

Completa con los verbos en la forma correcta:

1. Mira esta foto. ¡Qué pena! Cuando (VER) _____ algo así, (COMPRENDER) _____ lo mal que está mucha gente.

2. ¡Qué bien haber venido al campo este fin de semana! Cuando (SALIR) _____ de la ciudad,

   (NOTAR) _____ lo mal que vivimos.

3. A vosotros no sé pero a mí la película me ha encantado. Cuando (VER) _____ algo así,

   (DARTE GANAS) _____ de viajar.

4. Cuando (ESTAR) _____ lejos de los amigos, (DARSE CUENTA) _____ de lo importantes que son.

5. Cuando (LEER) _____ estas noticias sobre armamento nuclear, (SENTIR) _____ verdadero miedo.

5.4.

Completa con tercera persona plural o SE + tercera persona:

1. ● Oiga, ¿(ARREGLAR)_____ neumáticos aquí?

2. ● Este palacio (CONSTRUIR)_____ en el siglo pasado.

3. ● Perdone, ¿(TENER)_____ gambas?

4. ● En esta escuela los exámenes finales (HACER)_____ en el mes de junio.

5. ● Lo siento pero en las rebajas no (ACEPTAR) _____ cambios.

6. ● ¿(VENDER)_____ entradas anticipadas?

Completa con imperfecto:

1. ● Oiga, son las dos y el Talgo todavía no ha llegado. Ayer me

   dijeron que (LLEGAR)~~había llegado~~ a la una en punto.

2. ● ¿Cómo es que el profesor no está? Ayer dijo que los martes

   las clases (EMPEZAR) _había empezado_ a las cuatro.

3. ● Jesús me dijo que esto (SER)___e_____ muy bonito
   pero es precioso. ¡Qué bien haber venido!

En el dibujo, un hombre dice: AYER ME DIJERON QUE CADA DÍA HABÍA TRENES PARA ZAMORA. NO PUEDE SER, OIGA

4. ● ¿A qué hora abren el supermercado? Me dijeron que (ABRIR)_____ a las diez y media.

5. ● Oye, ¿seguro que esto es la oficina de Rafael? A mí anteayer me dijo que (ESTAR)_____
   al lado de la de Muñoz.

5.6.

Completa con condicional:

1. ● ¿Y los pantalones? ¿No me los han arreglado? Me dijeron que (ESTAR) _____ para hoy.

2. ● ¿Todavía no ha venido Jorge? Pues ayer dijo que (VENIR) _____ lo antes posible.

3. ● Oiga, la calefacción aún no funciona. El lunes me dijeron que la (ARREGLAR) _____
   cuanto antes.

4. ● ¿Todavía no tienen vestidos de invierno? Pues la semana pasada me dijeron que los (TENER)

   _____ esta semana.

5.7.

¿Qué le dijo?

MARTES	MIÉRCOLES
Juan: ¿A qué hora irás al gimnasio mañana? Ramón: A las cinco.	Juan: *Ramón me dijo ayer que hoy iría al gimnasio a las cinco*
Menéndez: ¿Saldrás con Emilio mañana? Pelayo: Sí, mañana por la tarde.	Menéndez: *Pelayo me dijo ayer que hoy saldría por la tarde*
Gustavo: ¿A qué hora es la última sesión? Adolfo: A las diez y media.	Gustavo: ————
Ortega: ¿Qué tal ese restaurante? Gasset: Siempre hay mucha gente.	Ortega: ————
Sánchez: ¿Te bañas siempre en el río? Ferlosio: No, a veces en la piscina.	Sánchez: ————
Viola: ¿Comprarás los lápices de colores? París: Sí, mañana.	Viola: ————

5.8.

queso manchego   no muy fuerte

Quiero queso manchego pero que no sea muy fuerte

PIDE ESTO:		PERO:	
	habitación doble		con baño
	vino		ir bien con el pescado
	jamón		barato
	carne		tierna
	apartamento		con teléfono
	manzanas		muy dulces
	mermelada		amarga
	coche de segunda mano		no muy caro
	agua mineral		no muy fría

6. Todo oídos

6.1.

Escucha, toma notas y contesta a las preguntas:

1. ¿De quién es La Sagrada Familia? _____

2. Año en que se empieza a construir _____

3. Año de la muerte del arquitecto _____

4. ¿En qué tienes que fijarte? _____

5. ¿Qué más has entendido? _____

6.2.

Escucha y marca con una cruz las respuestas correctas:

A uno le ha gustado la película porque:	V	M	Al otro no le ha gustado porque:	V	M
a. Se entiende muy bien.	☐	☐	a. El tema no le interesa.	☐	☐
b. Puede imaginar muchas cosas.	☐	☐	b. No la ha entendido.	☐	☐
c. Le parece muy original: es la primera vez que ve algo así.	☐	☐	c. Los actores son muy malos.	☐	☐
d. Todo el mundo dice que es muy buena.	☐	☐	d. Le ha parecido muy pesada.	☐	☐

6.3.

Escucha y reacciona.

7. Tal cual

¿QUE ES ANGEL "SERVICIO NOCTURNO"?

– ANGEL "SERVICIO NOCTURNO" fundada en 1969, es la primera empresa en España que ideó y puso en marcha la especialidad de servicios día y noche.
– Nuestro fin es ayudarle a solucionar cualquier problema que se le pueda presentar.
– Cualquier cosa que necesite, por difícil que pueda parecer, pídanosla, le ayudaremos a conseguirla.
– La experiencia obtenida desde su creación, avala la calidad y rapidez en la prestación de nuestros servicios.

¿COMO FUNCIONA?

– ANGEL está a su servicio día y noche sin interrupción. Únicamente permanece cerrado los días festivos (de 6 de la mañana a 4 de la tarde)
– Todos los servicios técnicos están atendidos y realizados por profesionales en su especialidad.
– Los servicios nocturnos de reparto a domicilio se efectúan por mediación de estudiantes que se costean la carrera con su trabajo.

¿COMO HACERSE SOCIO?

– Es muy sencillo, llame a ANGEL, tel. 218 88 88, pasaremos a visitarle en su propio domicilio a la hora que a Vd. más le convenga, y le aclararemos cualquier duda que se le pueda presentar.
– ¡NO PAGUE EN EFECTIVO! Simplemente rellene y firme la solicitud y la orden de pago a su banco o caja de ahorros. Nosotros efectuaremos todos los trámites.

¿UD. YA ES SOCIO?

– Enhorabuena. Le felicitamos por ello.
– Hable de ANGEL a sus amigos y familiares. Convénzales de las ventajas de hacerse socios y llámenos facilitándonos sus direcciones. Nosotros pasaremos a visitarles.
– TENEMOS GRANDES REGALOS PARA UD.

ANGEL
servicio hogar

218 88 88 - 218 88 89 - 217 20 20

218 88 88 - 218 88 89 - 217 20 20
Tuset, 16 - Barcelona - (6)

SERVICIO DE REPARACIONES E INSTALACIONES
○ ● – Cerrajeros, fontaneros, electricistas
○ – Albañiles, carpinteros, cristaleros, persianeros
○ – Pintores, empapeladores, tapiceros
○ – Técnicos de calefacción

TARIFAS ESPECIALES. RAPIDEZ DE SERVICIOS.

SERVICIO DE ASISTENCIA INFANTIL
○ ● – Baby-ángeles (canguros)
○ – Puericultoras
○ – Guardería infantil
○ – Clases particulares

SERVICIOS GARANTIZADOS SI SE SOLICITAN CON UN MINIMO DE 3 H. DE ANTICIPACION.

SERVICIOS A DOMICILIO
○ ● – Cubitos de hielo
○ ● – Billetes de avión, barco, tren
○ – Floristería (para Vd. o para quien desee obsequiar)
● – Farmacia, medicinas
○ – Alimentos infantiles, biberones, chupetes
○ – Bocadillos, cenas frías, pizzas
○ – Vinos licores, aguas minerales
○ – Charcutería, heladería, pastelería
● – Prensa, tabaco, material fotográfico

A PRECIOS DE MERCADO SIN NINGUN RECARGO.

SERVICIOS DE TRANSPORTE
○ ● – Taxis
○ ○ – Grúas
○ – Coches de alquiler

CONSULTAR PRECIOS.

SERVICIO MEDICO
○ ● – Servicio de urgencias
○ ● – Médicos
○ ● – Enfermeras
○ ● – Practicantes
○ ● – Ambulancias-oxigeno

SERVICIOS GENERALES
○ ● – Información general (Horarios de aviones, barcos, trenes, etc...)
○ – Reservas de hoteles
○ ● – Servicio telefónico de despertador
○ – Entradas de teatro
○ – Fotógrafos
○ – Veterinarios

SERVICIOS ESPECIALES
– Descuentos en tiendas amigas
– Seguro de vida "Colectivo Angel"
– Organización de banquetes, lunch, etc...
– Camareros y cocineros para banquetes, lunch, etc...
– Organización de fiestas infantiles, payasos, cine infantil, etc...

NUEVOS SERVICIOS
○ ● – Servicio de avisos y mensajes por teléfono
– Servicio de mensajeros
– Extensión de la tarjeta a otras ciudades

CONSULTAR TARIFAS.

– ANGEL "SERVICIO NOCTURNO", permanece abierto las 24 horas de todos los días del año sin excepción. Únicamente permanece cerrado los días festivos (desde las 6 de la mañana hasta las 4 de la tarde).
– Todos los servicios pueden solicitarse a ANGEL en cualquier momento, exceptuando las horas en que permanece cerrado.
○ – Los servicios que van precedidos de éste símbolo se prestan entre las 9h. y las 20h.
● – Los servicios que van precedidos de éste símbolo se prestan entre las 22h. y las 6h. (De 10 de la noche a 6 de la mañana).

218 88 88 - 218 88 89 - 217 20 20

Para hacerte socio, ¿qué debes hacer?
¿A qué hora puedes pedir un canguro?
¿Y un cerrajero?
¿Y medicamentos?
¿Y un coche de alquiler?
¿Cuándo está cerrado?

Imagínate que eres socio:
– solicita lo que más te interese.

Habla con tu compañero y trata de convencerlo:
– para que se haga socio.
– para que no se haga socio.

Imagínate ahora que:
– has pedido una grúa pero no llega. Estás en la calle con el coche estropeado.
– has encargado una cena típica española pero te traen varios platos chinos.
– se te ha estropeado la luz, llamas al electricista a las doce de la noche pero te dicen que no hay servicio nocturno.

8. Allá tú

9. Somos así... ¡qué le vamos a hacer!

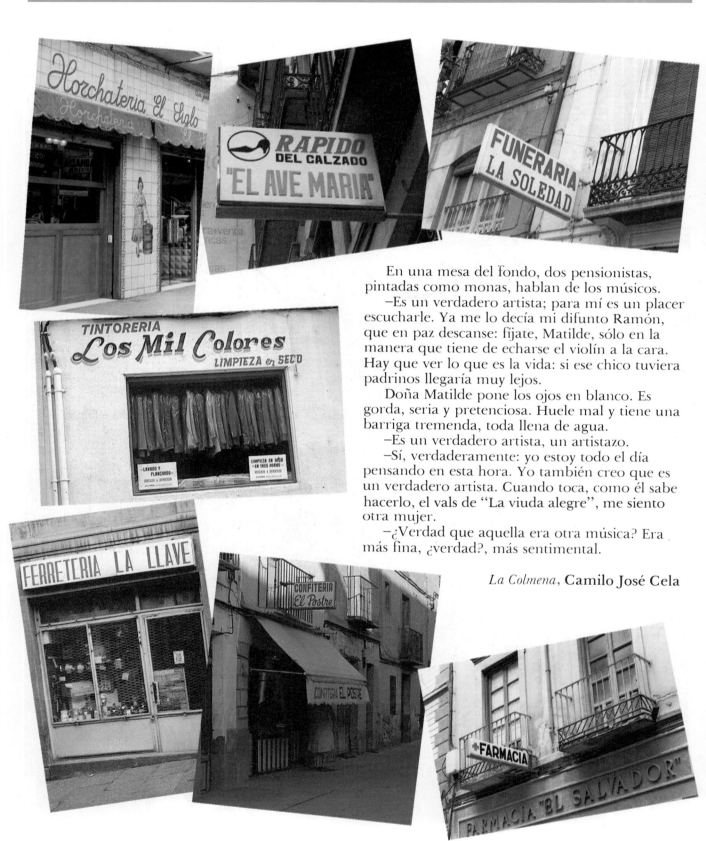

En una mesa del fondo, dos pensionistas, pintadas como monas, hablan de los músicos.

—Es un verdadero artista; para mí es un placer escucharle. Ya me lo decía mi difunto Ramón, que en paz descanse: fíjate, Matilde, sólo en la manera que tiene de echarse el violín a la cara. Hay que ver lo que es la vida: si ese chico tuviera padrinos llegaría muy lejos.

Doña Matilde pone los ojos en blanco. Es gorda, seria y pretenciosa. Huele mal y tiene una barriga tremenda, toda llena de agua.

—Es un verdadero artista, un artistazo.

—Sí, verdaderamente: yo estoy todo el día pensando en esta hora. Yo también creo que es un verdadero artista. Cuando toca, como él sabe hacerlo, el vals de "La viuda alegre", me siento otra mujer.

—¿Verdad que aquella era otra música? Era más fina, ¿verdad?, más sentimental.

La Colmena, **Camilo José Cela**

54

3

PUES UNA VEZ...

1. ¿Qué me cuentas?

1.1. Después de las vacaciones

- Sólo tenemos fotos de los primeros días. Estuvimos tres días en Oviedo y al cuarto alquilamos un coche para recorrer la región y llegar hasta los lagos de Covadonga.
○ ¿Veis? Esto son los alrededores del lago Enol.
- ¿Del lago Enol? No, no, esto es el lago Encina. ¿No te acuerdas de que fue donde comimos aquel chorizo tan bueno?
○ Que no, hombre, que esto es el lago Enol. El chorizo lo comimos en el Enol.
- Ah, sí, es verdad. Mirad, ésa del fondo es Encarna.
○ ¿Encarna? ¿Dónde? No la veo.
- Sí, hombre, sí. La que está en el puente.
○ Ah, la de arriba.
- No, hombre. La que está debajo, encima de las rocas...
○ Ahora, ahora.
- Y aquí tuvimos la avería.
○ ¡Anda! ¡Qué memoria! Fue en el Encina donde tuvimos la avería, en aquel sitio tan bonito donde dormimos la noche de la tormenta.
- Sí, es cierto. No me acordaba.

- Córrete para allá, que no quepo.

- ¿Qué tal con Alba y Felipe?
○ Estupendamente, lo pasamos muy bien.

- Acércame los cubitos, que no llego.

- ¿Y vosotros cuándo cogéis las vacaciones?
○ A mediados de mes, cuando vuelva mi socio.

- Pasamos un par de días en casa de mis suegros y el resto de las vacaciones en el chalé.

- ¿Y ustedes? ¿Qué tal?
○ No muy bien. Dolores se puso enferma, así que nos quedamos aquí.

56

1.2. ¿Y cómo os conocisteis?

▲ Vosotros hace mucho que vivís juntos, ¿verdad?

○ Huy, sí, llevamos, por lo menos, diez años.

▲ ¿Y cómo os conocisteis?

● Pues, nada... Paco era amigo de un amigo mío. Nos veíamos a menudo: cuando yo iba a Madrid, salíamos los tres por ahí, íbamos al cine y esas cosas.

▲ ¡Ah!

● No había nada especial, nos llevábamos muy bien y nos teníamos mucho cariño. Y un día Paco fue a Bilbao. Recuerdo que me llamó por teléfono y quedamos. En ese momento me di cuenta de que...

▲ ¡Ajá!

○ Aún me acuerdo del primer día que la vi: ella estaba con ese amigo mío delante del Ministerio y, al salir, los encontré. Me pareció una mujer muy interesante y pensé que Ramón tenía mucha suerte...
Al cabo de un tiempo fui a Bilbao.
Fuimos a cenar a un restaurante y
luego a dar una vuelta por ahí.
¿Fue así, verdad?

● Sí, sí.

○ Después estuvimos una temporada
sin vernos por cuestiones de trabajo.
¿Cuánto fue? ¿Tres meses?

● No me acuerdo bien. Tres o cuatro
meses, hasta que yo me instalé
aquí, en Granada.

○ Exacto, y a los pocos meses me
trasladé yo.

2. Se dice así

2.1. Relatar

¿CUÁNDO?	SITUACIÓN/CIRCUNSTANCIAS		ACCIONES
El otro día Anteayer Una tarde …	no tenía nada en la nevera estaba en un bar llovía mucho …	y	fui a comer a casa de Pedro encontré a Joaquín cogimos un taxi …

2.1.1. Referencia a un momento o período del pasado

Momento

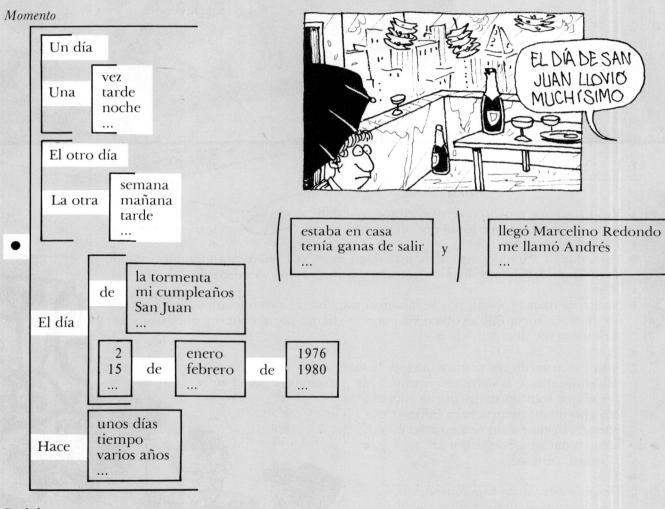

Un día

Una — vez / tarde / noche / …

El otro día

La otra — semana / mañana / tarde / …

El día — de — la tormenta / mi cumpleaños / San Juan / …

El día — 2 / 15 / … — de — enero / febrero / … — de — 1976 / 1980 / …

Hace — unos días / tiempo / varios años / …

estaba en casa tenía ganas de salir …	y	llegó Marcelino Redondo me llamó Andrés …

EL DÍA DE SAN JUAN LLOVIÓ MUCHÍSIMO

Período

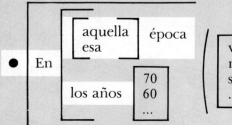

En — aquella / esa — época

En — los años — 70 / 60 / …

vivía solo no tenía trabajo salía mucho con Gerardo …	y	me instalé en una pensión me matriculé en la Universidad nos hicimos muy amigos …

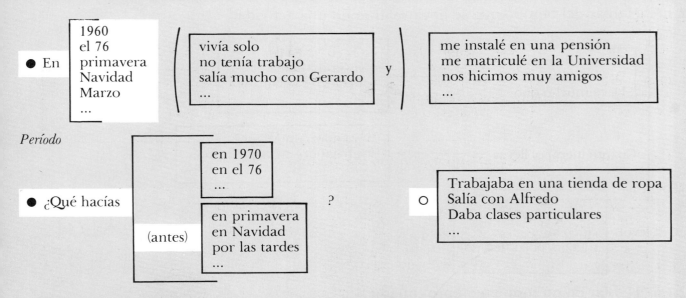

Período

2.1.2. Relacionar dos momentos o acciones: anterioridad/posterioridad

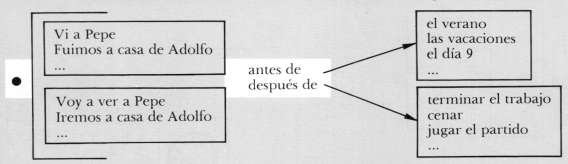

2.1.3. Informar del tiempo que separa dos acciones pasadas

2.1.4. Expresar una actividad futura que depende de otro factor

2.1.5. Hablar del tiempo que se lleva realizando una actividad

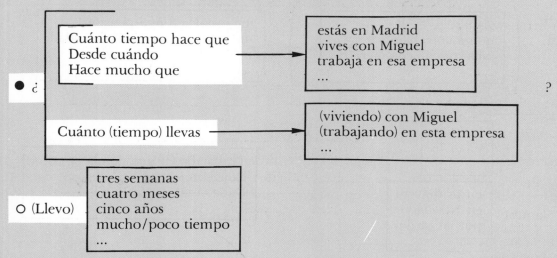

- ¿ Cuánto tiempo hace que / Desde cuándo / Hace mucho que → estás en Madrid / vives con Miguel / trabaja en esa empresa / ... ?

  Cuánto (tiempo) llevas → (viviendo) con Miguel / (trabajando) en esta empresa / ...

- O (Llevo) . tres semanas / cuatro meses / cinco años / mucho/poco tiempo / ...

2.1.6. Hablar de un momento aproximado

- Fuimos allí / Iremos allí

  . sobre las diez / el día 15 / ...

  . a principios / mediados / finales de año / mes — enero / otoño / ...

2.1.7. Hablar de la duración aproximada de una actividad

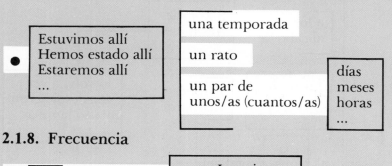

- Estuvimos allí / Hemos estado allí / Estaremos allí / ...

  una temporada

  un rato

  un par de / unos/as (cuantos/as) — días / meses / horas / ...

2.1.8. Frecuencia

- De vez en cuando / A menudo — veo a Ignacio / veía a Ignacio y... / ...

2.2. Para finalizar un relato

Conclusión

- Así que / O sea, que — hemos trabajado mucho / lo pasamos muy bien / fue muy interesante / ...

Valoración/Resumen

- Total, que

2.3. Mostrar desacuerdo con algún dato de lugar o tiempo

● ...y en Jaén alquilamos un coche.

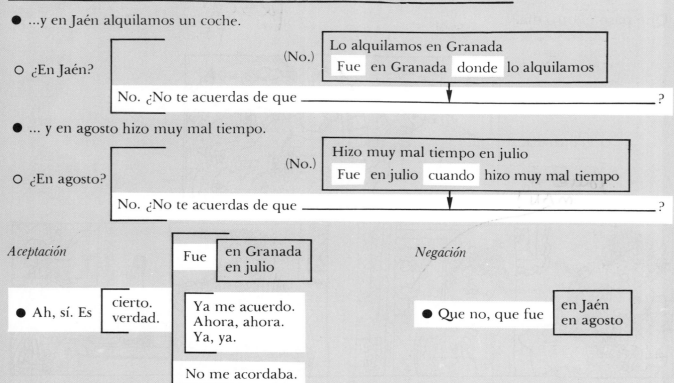

○ ¿En Jaén?

(No.)

> Lo alquilamos en Granada
> Fue en Granada donde lo alquilamos

No. ¿No te acuerdas de que _____ ?

● ... y en agosto hizo muy mal tiempo.

○ ¿En agosto?

(No.)

> Hizo muy mal tiempo en julio
> Fue en julio cuando hizo muy mal tiempo

No. ¿No te acuerdas de que _____ ?

Aceptación

Fue en Granada / en julio

● Ah, sí. Es cierto. / verdad.

Ya me acuerdo. / Ahora, ahora. / Ya, ya.

No me acordaba.

Negación

● Que no, que fue en Jaén / en agosto

2.4. Valoración de un período o actividad de tiempo libre

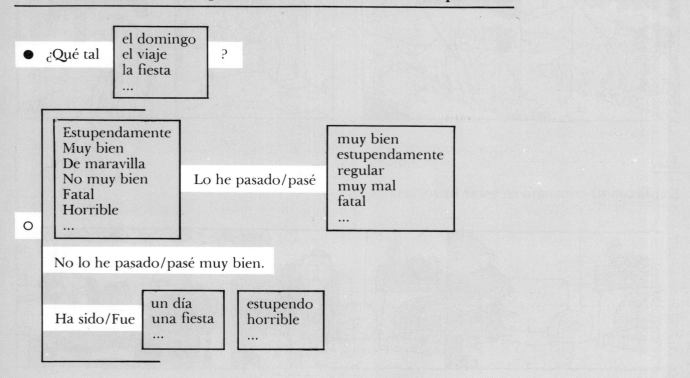

● ¿Qué tal el domingo / el viaje / la fiesta / ... ?

○

Estupendamente / Muy bien / De maravilla / No muy bien / Fatal / Horrible / ...

Lo he pasado/pasé muy bien / estupendamente / regular / muy mal / fatal / ...

No lo he pasado/pasé muy bien.

Ha sido/Fue un día / una fiesta / ... estupendo / horrible / ...

3. Y ahora tú

3.1.

¿Qué pasó el otro día?

O El otro día...

3.2.

Explica a tu compañero estas historias:

1

3.3.

Tu no estás de acuerdo con tu compañero:

● tú
○ tu compañero

● Tuvimos un accidente cerca de Sevilla. (CÓRDOBA)

○ *¿En Sevilla? No, ¿No te acuerdas de que lo tuvimos cerca de Córdoba?*

● *Que no, que fue cerca de Sevilla.*

○ *Ah, sí. Es verdad. No me acordaba.*

1. A Alfredo le robaron la cartera en Burgos. (SALAMANCA)
2. El niño nació en abril. (MAYO)
3. Elisa acabó la carrera el año pasado. (1982)
4. Compraron el piso en febrero. (NAVIDADES)
5. Vimos a Alberto en Málaga. (ALICANTE)
6. Encontramos a Alicia en casa de Manuel. (RESTAURANTE)
7. Decidimos ir a trabajar a Valencia en 1980. (1981)
8. Paco nos llamó la semana pasada. (ANTEAYER)
9. El domingo perdimos las llaves. (SÁBADO)
10. Encontró ese empleo hace un par de meses. (MEDIO AÑO)
11. Conoció a su mujer en Italia. (INGLATERRA)

3.4.

Tu compañero quizás: está casado
                                   tiene hijos
                                   tenía o tiene un trabajo
                                   no siempre ha vivido aquí
                                   practicaba o practica algún deporte
                                   tocaba o toca algún instrumento musical
                                   ...

Pregúntale y, si quieres, pídele más detalles:

● tú
○ tu compañero hablando de sí mismo

● *¿Tú estás casada?*

○ *Sí, me casé hace cinco años.*

● *¿Y cuándo conociste a tu marido?*

○ *Lo conocí en 1970.*

● *¿Tocas algún instrumento?*

○ *No, ahora, no.*

● *¿Pero antes tocabas alguno?*

○ *Sí, antes de empezar la universidad tocaba el saxo, pero ahora no tengo tiempo.*

3.5.

Pregúntale a tu compañero por:

● tú
○ tu compañero

● *¿Qué tal la fiesta del domingo?*

○ *Horrible. Lo pasamos fatal. Fue una fiesta aburridísima.*

               – la fiesta del domingo
               – sus últimas vacaciones
               – el partido de baloncesto
               – el viaje con los Muñoz
               – la cena en casa de Cristina
               – el último concierto de "Neutrón y los esquizoides"

3.6.

Tú y dos compañeros habéis hecho un viaje de éstos. Comentádselo al resto de la clase.
Cuidado: en algunas cosas no estáis de acuerdo.

● tú
○ un compañero
▲ otro compañero

●
Jueves, día 1:
Llegada a Burgos y visita de la Catedral.
Comida en un restaurante muy bueno.
Noche en el Hotel Condal.

Viernes, día 2:
San Sebastián y Laredo.
Noche en Santander.

Sábado, día 3:
Visita de Santillana del Mar.
Parada en Oviedo para comer.
Continuación del viaje hasta La Coruña.
Llegada muy tarde a La Coruña.
Noche en un camping. Lluvia.

Días 4, 5 y 6:
Santiago de Compostela.
Excursiones desde Santiago a las Rías Bajas.
Mal tiempo.

○
Jueves, día 1:
Llegada a Burgos y paseo por la ciudad.
Comida mala y cara.
Noche en San Sebastián.

Viernes, día 2:
Bilbao y Laredo.
Noche en Santander.

Sábado, día 3:
Comida en Santillana del Mar.
Llegada a Oviedo por la tarde.
Noche en un hotel de La Coruña.

Domingo, día 4:
Llegada a Santiago.

Lunes, día 5:
Todo el día en Santiago.

Martes, día 6:
Playa. Sardinas en un merendero.

▲
Viernes, día 2:
Llegada a Burgos. Visita de la Cartuja de Miraflores.
Cena en el Hotel Condal.

Sábado, día 3:
San Sebastián, Bilbao y Laredo.
Noche en Laredo.

Domingo, día 4:
Visita de Santillana del Mar.
Comida en Oviedo.
Noche en el Hotel La Ría de La Coruña.
(Hotel antiguo)

Lunes, día 5:
Llegada a Santiago y visita a la Catedral.

Martes, día 6:
Excursión hasta La Guardia.

Miércoles, día 7:
Playa.

CANTÁBR

●
Domingo, día 20:
Salida de Madrid.
8 horas de viaje.
Paseo por Granada de noche.
Hotel bastante cómodo.

Días 21, 22 y 23:
Granada.
Primer día: Visita de La Alhambra y de los Jardines del Generalife.
Encuentro con Magdalena y Arturo el martes.

Día 24:
Salida hacia Córdoba y llegada por la tarde.
Salida por la noche: vinos y tapas.

Día 25:
Visita de la Mezquita y de la ciudad.

Día 26:
Salida hacia Sevilla. 3 horas de viaje.
Tarde: visita de la Giralda y el Alcázar.

○
Domingo, día 20:
Madrid-Granada: 6 horas de viaje.
Llegada a media tarde.
Hotel muy ruidoso.

Día 21:
La Alhambra.

Día 22:
Jardines del Generalife y paseo por el Albaicín.

Día 23:
Salida hacia Córdoba y llegada por la noche muy cansados.
(Avería del coche en Alcaudete)

Día 24:
Visita de la Mezquita y de la ciudad.

Días 25 y 26:
Sevilla.

Día 27:
Regreso a Madrid.

▲
Lunes, día 20:
Salida de Madrid.
Llegada de noche a Granada.
Hotel regular.

Día 21:
La Alhambra y los Jardines del Generalife.

Día 22:
Paseos por la ciudad y el Albaicín.

Día 23:
Salida hacia Córdoba. 200 km. Avería.
Encuentro con Magdalena y Arturo.

Día 24:
Visita de la Mezquita y de la ciudad.

Días 25 y 26:
Sevilla. Llegada al mediodía.

Día 28:
Regreso a Madrid.

3.7.

Pregúntale a tu compañero si va a hacer alguna de estas cosas y cuándo:

● tú
○ tu compañero hablando de sí mismo

– cambiar de trabajo
– tener hijos
– dejar de trabajar
– estudiar lo que le gusta
– dejar de estudiar español
– vivir solo
– ir a algún país de habla hispana

● *¿Piensas cambiar de trabajo?*
○ *Sí, cuando encuentre otro.*

3.8.

Habla con tu compañero de la vida de Maruja Alegría Ferreiro:

1925: Nacimiento en Madrid.
Hija de gallegos.
Domicilio de los padres en Madrid desde 1920.
Profesión del padre: cocinero. Profesión de la madre: modista.
1930: Entrada en un colegio de monjas.
1936: (Julio) Principio de la guerra civil.
Instalación de Maruja, de su madre y de sus hermanos en su pueblo de Galicia.
Tres años de guerra.
Participación del padre en la guerra. Ejército republicano.
1939: Detención del padre. Cinco años de cárcel.
1940: (Agosto) Vuelta a Madrid de la familia.
1940: (Octubre) Trabajo de Maruja en una panadería.
1941: Conoce a Julián. Mecánico.
1943: Encargada de la panadería. Boda con Julián.
1944: Nacimiento del primer hijo. Maruja deja la panadería.
1944, 45, 46, 47, 48, ...: Difícil situación económica. Julián tiene dos trabajos al mismo tiempo. Maruja hace el trabajo de la casa y cose para una fábrica de camisas.
1954: (Marzo) Julián se va a Suiza.
1954: (Octubre) Nacimiento del segundo hijo.
1957: Todos se van a Suiza. Julián trabaja en una fábrica de chocolate y Maruja, como asistenta.
1963: Vuelta a Madrid.
Dinero ahorrado. Compran un bar: "O'Pulpo de Lugo".
1963, 64, 65...: Mucho trabajo en el bar. Comidas económicas. Las cosas van bien.
1984: Se jubilan. El hijo mayor no tiene trabajo y se queda con el bar.

4. ¡Ojo!

4.1. Pretérito indefinido

Regulares

-AR	alquilar encontrar pasar ...	alquil encontr pas	+	-É -ASTE -Ó -AMOS -ASTEIS -ARON
-ER -IR	comer conocer salir vivir ..	com conoc sal viv	+	-Í -ISTE -IÓ -IMOS -ISTEIS -IERON

¡OJo!
dormir solo
terceras personas:
durmió durmieron

Irregulares

PEDIR
PEDÍ
PEDISTE
PIDIÓ
PEDIMOS
PEDISTEIS
PIDIERON

Como "pedir":
seguir, conseguir,
vestirse, despedir ...

VENIR	VIN	-E -ISTE -O -IMOS -ISTEIS -IERON
PONER	PUS	

(+ entre VIN/PUS y las terminaciones)

DAR
DI
DISTE
DIO
DIMOS
DISTEIS
DIERON

4.2. Imperfecto/Indefinido

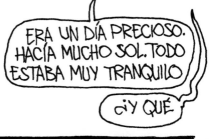

ERA UN DÍA PRECIOSO. HACÍA MUCHO SOL. TODO ESTABA MUY TRANQUILO

¿Y QUÉ

ANA Y MANUEL ESTABAN SENTADOS EN UN BANCO. ESTABAN HABLANDO TRANQUILAMENTE, NO SABÍAN QUÉ HACER

¿Y QUÉ?

Y ENTONCES LLEGÓ ANDRÉS.

Here comes that jerk again. Just be nice.

4.3. Imperfecto de habitualidad

Cuando era pequeño
Antes, en Navidad,   +   vivía en un pueblo.
En 1974, a menudo,   íbamos a casa de mis padres.
...   salía con Víctor.
            ...

4.4. Indefinido: valoración de una actividad o período

 Fue

| un día muy agradable |
| una fiesta divertidísima |
| un viaje muy interesante |
| ... |

La fiesta
El concierto
La conferencia
...

estuvo

bastante bien
muy mal
...

El concierto

La reunión

La conferencia

...

+

me gustó mucho

me pareció muy interesante

la encontré muy aburrida

...

Nos divertimos mucho

Lo pasamos bastante bien

Nos aburrimos mucho

...

en

la fiesta

casa de Maite

la reunión del sábado

...

4.5. Volver a...

Fui al Museo del Prado en 1980
Fui al Museo del Prado en 1982

Fui al Museo del Prado en 1980 y volví a ir al cabo de dos años.

4.6. Aquel de/aquel que...

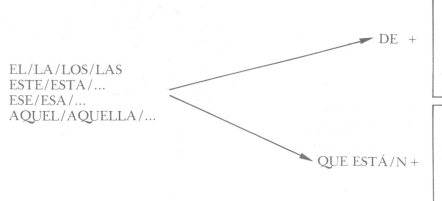

EL/LA/LOS/LAS
ESTE/ESTA/...
ESE/ESA/...
AQUEL/AQUELLA/...

DE +
- arriba
- abajo
- la derecha
- el árbol
- el fondo
- la moto
- ...

QUE ESTÁ/N +
- arriba
- abajo
- a la derecha
- en el árbol
- al fondo
- al lado de la moto
- ...

4.7. Cuando: para referirse al futuro

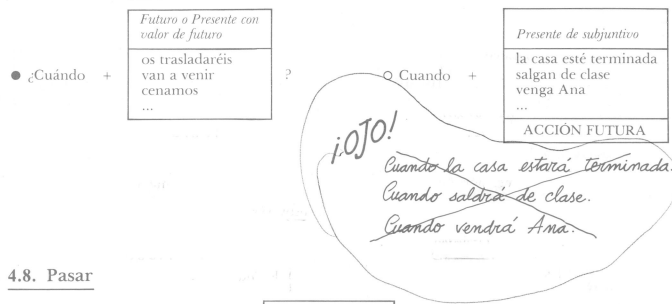

● ¿Cuándo +

Futuro o Presente con valor de futuro
- os trasladaréis
- van a venir
- cenamos
- ...

?

O Cuando +

Presente de subjuntivo
- la casa esté terminada
- salgan de clase
- venga Ana
- ...

ACCIÓN FUTURA

¡OJO!

~~Cuando la casa estará terminada.~~
~~Cuando saldrá de clase.~~
~~Cuando vendrá Ana.~~

4.8. Pasar

Pasé
Pasamos
Pasarán
...

+

Cantidad de tiempo
- tres días
- un par de meses
- unas horas
- ...

+

- allí
- en Sevilla
- con Ernesto
- ...

Lo

pasé
pasamos
pasarán
...

+

Valoración
- muy bien
- estupendamente
- fatal
- ...

5. Dale que dale

5.1.

Forma frases con un elemento de cada caja:

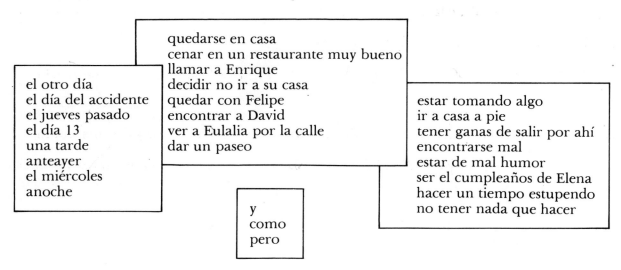

| el otro día |
| el día del accidente |
| el jueves pasado |
| el día 13 |
| una tarde |
| anteayer |
| el miércoles |
| anoche |

quedarse en casa
cenar en un restaurante muy bueno
llamar a Enrique
decidir no ir a su casa
quedar con Felipe
encontrar a David
ver a Eulalia por la calle
dar un paseo

estar tomando algo
ir a casa a pie
tener ganas de salir por ahí
encontrarse mal
estar de mal humor
ser el cumpleaños de Elena
hacer un tiempo estupendo
no tener nada que hacer

y
como
pero

5.2.

Completa con imperfecto y perfecto:

1. Pues esta mañana (LLEGAR, yo) ~~llegué~~ *he llegado* tarde a la oficina porque el metro (ESTAR) *estaba* estropeado.

2. ¿Sabes? Hoy (VER, yo) ~~vi~~ *he visto* a Juan José y, como (TENER, yo) *tenía* tiempo, (ESTAR, nosotros) *estábamos* hablando un rato.

3. ¡Vaya día! (ESTAR, yo) ~~estuve~~ *he estado* cinco horas en una reunión; (TENER, yo) *tenía* una comida con el director de una empresa extranjera, (IR, yo) ~~fui~~ *he ido* a buscar a los niños al colegio porque Susana (ESTAR) ~~estuvo~~ *estaba* en la peluquería y, como (LLOVER) *llovía*, no (PODER, yo) ~~pude~~ *podía* ir al jugar a tenis. Total, que (SER) ~~era~~ ~~fue~~ *ha sido* un día horrible.

5.3.

Completa con imperfecto e indefinido:

1. ● ¿Por qué no (VENIR, tú) ~~has ve~~ *veniste* el otro día?

   ○ Porque (TENER, yo) *tenía* muchas cosas que hacer y (TENER, yo) *tuve* que quedarme en el despacho.

2. ● ¿Qué tal la cena?

   ○ Pues, chico, regular. (ESTAR, yo) ~~estuve~~ *estaba* de mal humor y no lo (PASAR, yo) ~~pasaba~~ *pasé* muy bien.

3. ● ¿(VER, vosotros) _Visteis_ a Raquel anteayer?

   ○ ¡Qué va! Como (ESTAR, ella) _estaba_ tan ocupada, no (PODER, ella) _pudo_ salir.

4. ● ¿(SALIR, vosotros) _Salisteis_ ayer por la noche?

   ○ ¿Salir, dices? Jorge (ENCONTRARSE) _se encontraba_ mal y (DORMIRSE) _se durmió_ en el sofá.

5. ● Fue en Cuenca, ¿verdad?

   ○ Sí, hombre, sí. ¿No te acuerdas de que (IR, nosotros) _Fuimos_ al Museo y después, como

   (SER) _era_ muy tarde, no (PODER, nosotros) _pudimos_ comer en ningún restaurante?

5.4.

(description)

Ignacio/vivir en Berlín
unos tres años

● _¿Cuánto tiempo lleva Ignacio en Berlín?_
○ _Lleva unos tres años (viviendo en Berlín)._

1. Teresa/en el hospital
   marzo
2. Vosotros/vivir con Paco
   muchos años
3. Usted/estudiar español
   unos cuatro meses
4. Tú/salir con Rafael
   un par de años
5. Ustedes/trabajar en esta empresa
   mucho tiempo
6. Los Martínez/viajar por Centroamérica
   varios meses

5.5.

Utiliza a los ..., al cabo de ..., más tarde, después, al ... siguiente :

Ver a Luis/septiembre/dos meses

● _Vi a Luis en septiembre y lo volví a ver a los dos meses._

1. Leer esta novela/1970/ unos años
2. Ir a EEUU/1975/dos años
3. Encontrar a Miguel/el día de la fiesta/un par de días
4. Ir a Florencia/20 de julio/un mes
5. Cambiarse de piso/1977/cinco años
6. Venir aquí/septiembre/octubre
7. Operarle/mayo/julio
8. Tener un accidente/1980/1981

5.6.

Identifica a los personajes según el modelo:

- ● *¿Y ése quién es?*
- ○ *¿Cuál?*
- ● *El de la fuente.*
- ○ *Ah, Leopoldo.*

5.7.

Haz frases según el modelo:

Terminar la carrera/Irme al extranjero

- ● *Cuando termine la carrera, me iré al extranjero.*

1. Llegar a Madrid (yo)/Llamarte
2. Terminar esto (yo)/ Ir a buscarte
3. Saber algo (nosotros)/Avisarte
4. Tener un rato (nosotros)/Pasar por vuestra casa
5. Hacer mejor tiempo/Ir a pasar un fin de semana a la costa (nosotros)
6. Enterarse (él)/Enfadarse
7. Venir Alfredo/Cenar (nosotros)
8. Volver de Roma (yo)/Vernos con más tiempo
9. Encontrar trabajo (yo)/Buscar otro piso
10. Encontrarse mejor (él)/Ir a verte

6. Todo oídos

6.1.

¿Verdad o mentira?

	V	M	No se sabe
1. Comieron paella en ese restaurante.	☐	☐	☐
2. Eusebio es el del fondo.	☐	☐	☐
3. Se conocieron en mayo.	☐	☐	☐
4. Aquel día Irene llevaba un vestido azul y quedaron en Recoletos.	☐	☐	☐

6.2.

Reacciona:

1. _____

2. _____

3. _____

4. _____

5. _____

6. _____

6.3.

Escucha y toma notas:

¿Qué quiere ser cuando sea mayor?

PLAN DE JUBILACION EXTRAORDINARIA de CAJA DE BARCELONA

Para cuando sea mayor.

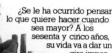

¿Se le ha ocurrido pensar lo que quiere hacer cuando sea mayor? A los sesenta y cinco años, su vida va a dar un giro importante.

Tendrá todo el tiempo del mundo para disfrutar de lo que más le guste: pescar, escribir, leer, viajar, pintar o simplemente descansar. Y el dinero de la jubilación resulta escaso para mantener el ritmo de vida al que está acostumbrado.

Caja de Barcelona le propone su Plan de Jubilación Extraordinaria. Para que cuando tenga que jubilarse, lo haga exactamente como Ud. quiera.

PARA COBRAR LO QUE QUIERA, COMO QUIERA Y CUANDO QUIERA

Las condiciones del Plan de Jubilación Extraordinaria, las decide Ud:
- Ud. fija la cantidad que quiere reunir.
- Ud. decide de qué forma quiere ahorrar este dinero. Y elige una aportación periódica a partir de 5.000,– pts. mensuales.
- Ud. establece cómo prefiere cobrar:
  - A) Una cantidad mensual.
  - B) Todo el capital, actualizado, de una sola vez.
  - C) Mediante una fórmula mixta.
- Ud. marca la edad a la que quiere percibir su dinero.

Lee este documento para poder contestar a estas preguntas:

1. ¿Por qué nuestra vida va a cambiar a los 65 años?
2. ¿El dinero de la jubilación es suficiente?
3. ¿Quién decide las condiciones del Plan de Jubilación?
4. ¿Cuánto hay que pagar al mes?
5. ¿Cómo se puede cobrar?
6. ¿Cuándo se pueden cambiar las condiciones?

Y ahora pregúntale a tu compañero si:

−se le ha ocurrido pensar lo que quiere hacer cuando sea mayor.

−piensa que las condiciones de este Plan son buenas y por qué.

−cree que viven bien los jubilados en su país.

−en su país la gente se jubila a la misma edad que en España.

DECIDA SU FUTURO, SIN HIPOTECARLO

El Plan de Jubilación Extraordinaria de Caja de Barcelona le ofrece un brillante futuro. Sin hipotecarlo.

Porque Ud. puede cambiar las condiciones cuando le convenga de acuerdo con las normas generales del Plan.
- Para cancelarlo, cobrando todo el dinero acumulado más los intereses obtenidos.
- Para congelarlo durante un tiempo, cuando no le vaya bien ahorrar.
- Para ampliarlo, si decide que cuando sea mayor quiere cobrar más.

¿DONDE HAY QUE FIRMAR?

Si después de haber leído este anuncio, le interesa el Plan de Jubilación Extraordinaria, venga a vernos. En cualquiera de nuestras 438 oficinas le atenderemos y ampliaremos su información.

Queremos ayudarle a decidir lo que quiere ser cuando sea mayor.

8. Allá tú

9. Somos así... ¡qué le vamos a hacer!

📼 "Te recuerdo Amanda", *Víctor Jara*

Érase una vez
un lobito bueno
al que maltrataban
todos los corderos.
Y había también
un príncipe malo
una bruja hermosa
y un pirata honrado.
Todas estas cosas
había una vez
cuando yo soñaba
un mundo al revés.

JOSÉ AGUSTÍN GOYTISOLO

● Oiga, doctor, vengo porque hace una temporada que me duele mucho esta pierna.
○ Esto es cuestión de la edad.
● Sí, pero esta otra tiene la misma edad y no me duele.

HOMBRE QUE MIRA MÁS ALLÁ DE SUS NARICES

Hoy me   tosco y solitario
no tengo a nadie para dar mis quejas
nadie a quien echar mis culpas de quietud

sé que hoy me van a cerrar todas las puertas
que no llegará cierta carta que espero
que habrá malas noticias en los diarios
que la que quiero no pensará en mí
y lo que es muchísimo peor
que pensarán en mí los coroneles
que el mundo será un oscuro
        paquete de angustias
que muchos otros aquí o en cualquier parte
        se sentirán también toscos y solos
que el cielo se derrumbará
        como un techo podrido
y hasta mi sombra
        se burlará de mis confianzas

menos mal menos mal
que me conozco

menos mal que mañana
o a más tardar pasado

sé que despertaré alegre y solidario
con mi culpita bien lavada y planchada
y no sólo se me abrirán las puertas
        sino también las ventanas y las vidas
y la carta que espero llegará
        y la leeré seis o siete veces
y las malas noticias de los diarios
        no alcanzarán a cubrir las buenas nuevas
y la que quiero
        pensará en mí hasta conmoverse
y lo que es muchísimo mejor
        los coroneles me echarán al olvido
y no sólo yo muchos otros también
        se sentirán solidarios y alegres
y a nadie le importará
        que el cielo se derrumbe
        y más de uno dirá que ya era hora
y mi sombra empezará a mirarme con respeto

será buena
tan buena la jornada
que desde ya
mi soledad se espanta

Mario Benedetti

¿QUIÉN SERÁ?

1. ¿Qué me cuentas?

1.1. ¡Viva los novios!

● ¿Me permite?
○ No faltaba más.

● ¿Que se ha muerto su suegra? ¡No me diga!
No sabía nada. ¡Con lo buena que era!
Le acompaño en el sentimiento. ·

● ¿Ya has llamado?
○ Sí, pero antes comunicaban
y ahora no contestan.
● ¿Qué te parece si llamamos
a sus padres y les damos
el recado?

● Lo sentimos pero nos tenemos que ir.
○ ¿Tan pronto?
▲ Ha estado todo muy bien. Bueno,
enhorabuena y que seáis muy felices.
○ Gracias.
△ Gracias por haber venido.

● ¿Te has fijado en los Muñoz?
¡Cómo han cambiado!
○ ¿No sabes lo que les ha pasado?
Por lo visto han tenido problemas
económicos y, según Manolo,
su sobrino, lo están pasando fatal.
● ¡Pobre gente!

● Ya estoy harta de estar aquí. Lo que más me fastidia
de las bodas es que tienes que hablar con todos los
parientes y, encima, ponerte guapo.

●/ ¿Les importa que abra la ventana? Es que hay mucho humo.
○ Sí, sí. Ábrala, ábrala.

● ¡Qué raro que no hayan llegado todavía! ¿Habrán tenido algún problema con el coche?
○ ¡Qué pelma eres! Andrés me dijo anoche que no nos preocupáramos, que llegarían un poco tarde.

● Me han dicho que están a punto de separarse.
○ ¡Bah! Seguro que te lo ha dicho la chismosa de Laura.
▲ A mí no me extraña. Yo, francamente, a Julián no lo puedo ver. Tiene una manera de ser que...
○ No sé... Yo apenas lo conozco, sólo de vista.

● ¡Qué pena que no haya venido Félix! Con lo que le gustan las bodas...

● ¡A tu salud!

● ¡Ostras! Lo siento mucho.
○ No te preocupes. No mancha.

● Oye, dile a tu hermano, cuando lo veas, que tenemos muchas ganas de verlo y que nos llame algún día.
○ Sí, se lo diré. Precisamente el otro día lo vi, me dio muchos recuerdos para ti y me comentó que quería ir a verte.

● Mira, Jorge, el hijo de Adela, aquél que conocimos el año pasado en Salamanca.
○ ¿El de blanco? Su cara no me suena de nada.
● Sí, mujer, sí, el cuñado de Pilar, el que está casado con Eulalia.
○ ¿Estás seguro?
● Segurísimo. Si estuvimos hablando mucho rato con él...
○ ¡Ah..., sí! Ahora caigo. No lo había reconocido.

ce así

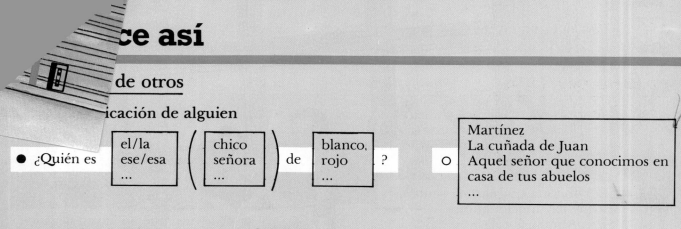

- ¿Quién es | el/la / ese/esa / ... | (chico / señora / ...) | de | blanco, / rojo / ... | ? | o | Martínez / La cuñada de Juan / Aquel señor que conocimos en casa de tus abuelos / ...

2.1.2. De los cambios que han sufrido

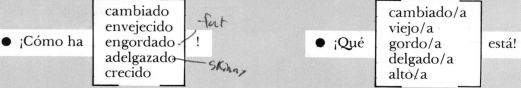

- ¡Cómo ha | cambiado / envejecido / engordado / adelgazado / crecido | !   -fat   skinny

- ¡Qué | cambiado/a / viejo/a / gordo/a / delgado/a / alto/a | está!

2.1.3. Del carácter

- Ana / Su tío / ...   tiene una manera de ser que   Character   me encanta / no entiendo / me pone nervioso / ...

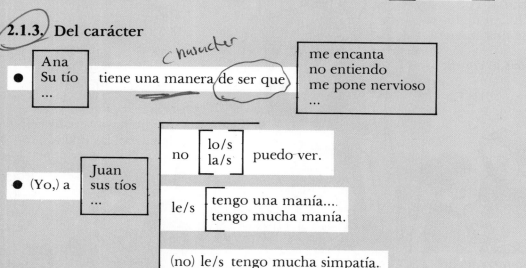

- (Yo,) a | Juan / sus tíos / ... | no | lo/s / la/s | puedo ver.
  - le/s | tengo una manía.... / tengo mucha manía.
  - (no) le/s tengo mucha simpatía.

2.2. Expresar fastidio y compartirlo

explicación

- Estoy harto/a de / No soporto (a) / Me fastidia/n | hablar de este tema / las bodas / Pepe / ... | Me fastidia hablar siempre de lo mismo / Tienes que saludar a todo el mundo / Siempre lo hace todo mal / ...

2.3. Expresar preocupación   Subjuntivo

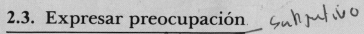
siempre

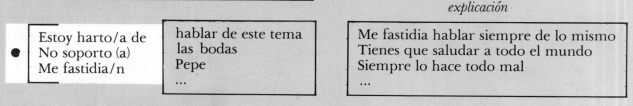

- ¡Qué raro / Me extraña | que | mis padres no hayan llegado todavía / Raúl no llame / los Gómez no hayan avisado / ... | (!)

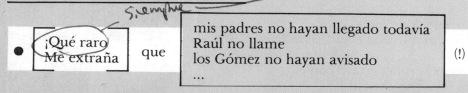

2.4. Expresar sorpresa y responder

● ¡Qué raro que | hayan despedido a Rodolfo
Arturo no esté con su novia
... | !

○ Sí, es verdad.

A mí no me extraña (nada).

explicación

Tenía problemas con el jefe
Últimamente las cosas les van muy mal
...

2.5. Formular hipótesis

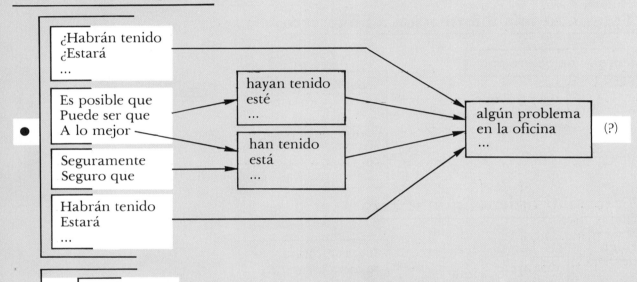

● ¿Habrán tenido
¿Estará
...

Es posible que
Puede ser que
A lo mejor

Seguramente
Seguro que

Habrán tenido
Estará
...

hayan tenido
esté
...

han tenido
está
...

algún problema
en la oficina
... | (?)

○ (Sí,) | puede ser.
es posible.
seguramente.
a lo mejor.

(No,) no creo. + (| Formular otra hipótesis

Justificar el desacuerdo |)

2.6. Dar una noticia

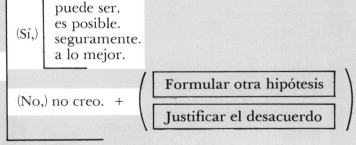

● ¿Sabe/s que
¿Se/te ha/s enterado de que
Me han dicho que | ha tenido un accidente
se ha ido a Sudamérica
... | (?)

○ Sí, ya lo sabía.

¿Ah, sí? Pues yo no | sabía nada.
lo sabía.

2.7. Confirmación de una información de la que se duda

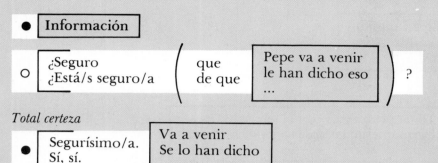

- **Información**

○ ¿Seguro / ¿Está/s seguro/a | que / de que | Pepe va a venir / le han dicho eso / ... | ?

Total certeza

● Segurísimo/a. / Sí, sí. | Va a venir / Se lo han dicho / ...

2.8. Transmitir una información a un tercero

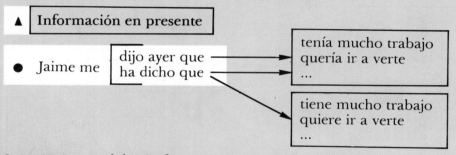

▲ **Información en presente**

● Jaime me | dijo ayer que / ha dicho que → tenía mucho trabajo / quería ir a verte / ...

→ tiene mucho trabajo / quiere ir a verte / ...

2.9. Transmitir órdenes a un tercero

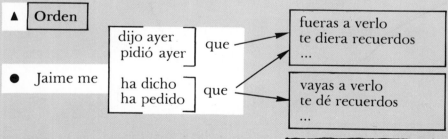

▲ **Orden**

● Jaime me | dijo ayer / pidió ayer | que → fueras a verlo / te diera recuerdos / ...

| ha dicho / ha pedido | que → vayas a verlo / te dé recuerdos / ...

2.10. Expresar buenos deseos

● ¡Que | seáis felices / les vaya muy bien / tenga mucha suerte / ... | !

2.11. Petición y concesión de permiso

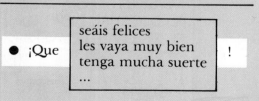

Te/le | importa / molesta | que | abra las ventanas / ponga esto aquí / ... | ?

○ Sí, sí. / No, no. | Ábralas, ábralas / Ponlo, ponlo / ...

2.12. Expresar tristeza y compartirla

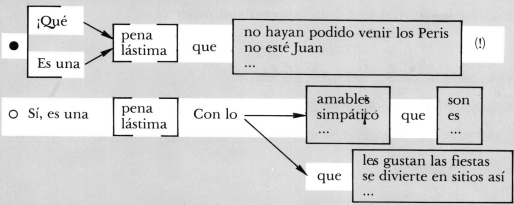

- ¡Qué / Es una → pena / lástima → que → no hayan podido venir los Peris / no esté Juan / ... → (!)

○ Sí, es una → pena / lástima → Con lo → amables / simpático / ... → que → son / es / ... → que → les gustan las fiestas / se divierte en sitios así / ...

2.13. Saludar

Enviar saludos a un tercero

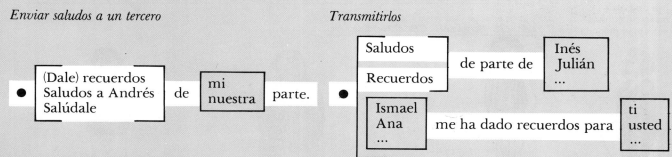

- (Dale) recuerdos / Saludos a Andrés / Salúdale → de → mi / nuestra → parte.

Transmitirlos

- Saludos / Recuerdos → de parte de → Inés / Julián / ...
- Ismael / Ana / ... → me ha dado recuerdos para → ti / usted / ...

2.14. Dar el pésame

- Lo siento mucho.
  Le/les acompaño en el sentimiento.

2.15. Felicitar

Bodas y nacimiento de hijos

- Felicidades.
  Enhorabuena.

Cumpleaños

- Felicidades.
  Por muchos años.

Navidad y Año Nuevo

- Felices Fiestas.
- Feliz → Navidad. / Año Nuevo.

○ Gracias, igualmente.

2.16. Agradecer

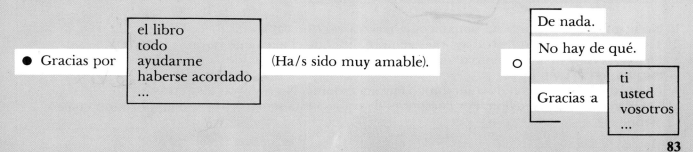

- Gracias por → el libro / todo / ayudarme / haberse acordado / ... → (Ha/s sido muy amable).

○ De nada.
  No hay de qué.
  Gracias a → ti / usted / vosotros / ...

3. Y ahora tú

3.1.

Hablad de estas personas haciendo diálogos semejantes al del modelo:

● tú
○ tu compañero

Carmen
hija de Lola
boda de Eugenia
está más delgada

● *Mira, Carmen, la hija de Lola.*

○ *¿La de rojo? Su cara no me suena de nada.*

● *Sí, hombre, sí. Aquélla que conocimos en la boda de Eugenia.*

○ *¿Estás seguro?*

● *Sí, sí, es Carmen.*

○ *¡Ah! sí, tienes razón. Ahora caigo. ¡Qué delgada está!*
No la había reconocido.

Juanita
vecina de Pilar
trabaja con Enrique
está muy cambiada

Manolito
hijo de los Sánchez
estuvo estudiando en Alemania
ahora es profesor en la Universidad
está muy viejo

Luis Miguel
compañero de trabajo de Mateo
vacaciones en Torremolinos
está muy gordo

Luisito
hijo menor de Andrés
está haciendo la mili
ha crecido mucho

3.2.

Te encuentras en estas situaciones. Expresa tu fastidio a tus compañeros:

● tú
○ tu compañero

Siempre que ves a Arturo te habla de sus problemas económicos.

● *No soporto hablar con Arturo. Siempre habla de sus problemas de dinero.*

○ *Yo también estoy harto de él. Es un pesado.*

1. No te gusta ir a fiestas. Esta semana es la tercera vez que vas a una.
2. Tienes un compañero de trabajo que siempre dice que el jefe tiene razón.
3. Llegas a casa y tu compañero te dice que los Serrano están invitados a cenar. Estás cansado y, encima, no te caen bien.
4. Llevas una hora esperando a un amigo en una esquina. No soportas los retrasós.
5. No te gusta viajar en avión. Por cuestiones de trabajo esta semana has tenido que coger cuatro aviones.

84

3.3.

Las siguientes cosas te sorprenden pero a tu compañero no, porque tiene más información:

● tú
○ tu compañero

Unos amigos se han divorciado. Se llevaban muy bien.

Sabes que últimamente discutían muy a menudo.

● *¡Qué raro que se hayan divorciado! Si se llevaban muy bien...*

○ *Pues a mí no me extraña. Últimamente discutían muy a menudo.*

1. Un amigo común que tenía un piso muy bonito se ha cambiado de casa.

2. No os han invitado a la fiesta de Gerardo.

3. Han despedido a Santiago del trabajo.

4. El hijo de los Suárez se ha ido de casa.

5. Estás en el consultorio del Dr. Fuentes. La consulta es de 11h. a 12h. Son las 11,30h. y aún no ha llegado.

1. Sabes que se llevaba muy mal con los vecinos de al lado.

2. Sabes que Gerardo no te puede ver.

3. Sabes que la empresa está pasando un mal momento.

4. Sabes que el Sr. Suárez tiene muy mal genio.

5. Sabes que siempre llega tarde, sobre las 11'45h.

3.4.

Estáis en las siguientes situaciones. Expresad tristeza con diálogos semejantes al del modelo:

● tú
○ tu compañero

Vais de excursión a la montaña. Julio, un amigo común, no puede ir con vosotros. Le gusta mucho la montaña.

● *¡Qué pena que Julio no pueda venir! Con lo que le gusta la montaña.*

○ *Sí, es una lástima.*

1. Estáis en una fiesta muy divertida pero alguien se tiene que ir.

2. Un amigo vuestro, por cuestiones de trabajo, tiene que irse a vivir a otra ciudad. Se encontraba muy bien en vuestra ciudad.

3. En una comida alguien está a régimen. La paella está muy rica.

4. Estáis en el cine viendo una película de ciencia ficción muy buena. Vuestro amigo Andrés no ha podido ir con vosotros.

5. Estáis en un lugar precioso pero habéis olvidado la cámara fotográfica.

3.5.

Tienes dudas sobre los siguientes hechos o informaciones. Pídele a tu compañero que te los confirme a partir de algún dato que los pruebe:

● tú
○ tu compañero

● Te han dicho que la película empieza a las 6h. pero no estás convencido.
○ Sabes que la película empieza a las 6h. porque lo has visto en el periódico.

● *¿ Seguro que la película empieza a las 6h ?*

○ *Sí, sí, segurísimo. Lo he visto en el periódico.*

1. ● Estáis esperando a un amigo con el que habéis quedado. No estás seguro de que venga.
   ○ Sabes que va a venir porque te lo ha dicho esta mañana por teléfono.
2. ● Te han dicho que la chica de rojo es la mujer de Jacinto. Te parece raro.
   ○ Has estado hablando con ella.
3. ● Pensáis ir a tomar una copa a un bar a las 2h. de la madrugada. Os han dicho que ese bar está abierto toda la noche. No estás seguro.
   ○ Fuiste una noche tardísimo.
4. ● Te han dicho que va a venir a pasar las vacaciones Paco, un amigo común, que vive en el extranjero. Te parece extraño.
   ○ Paco te ha escrito una carta.
5. ● Estáis comiendo en un restaurante, barato según la persona que os lo ha recomendado, pero que parece caro.
   ○ Ya has comido varias veces en este restaurante.

3.6.

Estáis en las siguientes situaciones. Tú expresas preocupación y tu compañero intenta tranquilizarte formulando hipótesis:

● tú
○ tu compañero

Vais a la estación a esperar a un amigo que ha dicho que llegaba en el tren de las 6'30 h. y no llega en ese tren.

● *¡ Qué raro que no haya llegado! ¿ Le habrá pasado algo ?*

○ *No, hombre, no. A lo mejor viene en el de las 8h. Habrá perdido éste.*

1. Habéis invitado a comer a los López. Son las 3 h. y todavía no han llegado ni llamado para avisar.
2. Un amigo se ha ido a vivir al extranjero. No ha escrito ni una sola carta desde que se fue.
3. Un buen amigo te pone mala cara y apenas te habla.
4. Has ido al médico porque te encuentras mal pero no te ha dicho qué tienes.
5. Los niños vuelven del colegio todos los días a las 5,30 h. Son las 6,15 h. y todavía no han regresado.
6. Fernando, un compañero vuestro, ha salido a comprar tabaco. Tarda mucho. Hace ya más de una hora que ha salido.
7. Hace unos días tuviste una entrevista para obtener un trabajo. No te llaman ni te dicen nada.

3.7.

Y me dijo que...

al día siguiente

● *Ayer me dijo que llamaras, que hacía días que intentaba localizarte.*

unos días después

al día siguiente

el lunes

el mismo día por la tarde

3.8.

Has leído estas noticias en el periódico. Cuéntaselas a tu compañero:

● tú
○ tu compañero

● *¿Te has enterado de que Emiliano Agujeros ha ganado la Copa del Mundo de golf?*

○ *Sí, ya lo sabía.*

Emiliano Agujeros ganador de la Copa del Mundo de golf.

Bomba en la estación de Chamartín: 3 muertos y 40 heridos.

Descubiertos en una casa abandonada cinco Dalís falsos.

Jonás Arena nuevo presidente del comité nacional de defensa de las focas.

Nueva edición, ilustrada y a todo color, de la Biblia en verso.

Concesión del Oscar a la mejor película extranjera al film español "Lo que el Mediterráneo se llevó".

4. ¡Ojo!

4.1. Usos del subjuntivo: expresión de sentimientos

SORPRESA *PREOCUPACIÓN*	¡Qué raro/extraño Es raro/extraño Me extraña			
PENA	¡Qué lástima/pena Es una lástima/pena	+ QUE +	SUBJUNTIVO	(!)
ALEGRÍA	¡Qué bien Está muy bien			
...	...			

Ej.: Me extraña que no haya escrito.

¡Qué bien que puedas venir!

Es una pena que no tengas tiempo.

4.2. Usos del subjuntivo: pedir permiso o acciones a otros

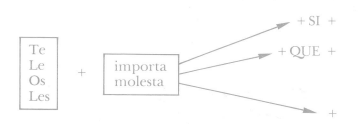

Te Le Os Les	+	importa molesta	+ SI +	PRESENTE DE INDICATIVO	*(Pedir permiso)*
			+ QUE +	PRESENTE DE SUBJUNTIVO	
			+	INFINITIVO	*(Pedir una acción a otros)*

4.3. Usos del subjuntivo: expresión de deseos

| ¡Que
Espero que | + | PRESENTE DE SUBJUNTIVO | (!) |

4.4. Usos del subjuntivo: hipótesis

| Es posible que
Puede ser que | + | PRESENTE O PRETÉRITO PERFECTO DE SUBJUNTIVO |
| Quizás
Tal vez | | |

Ej.:
Es posible que esté en casa.
Puede ser que haya tenido algún problema.
Quizás llame más tarde.
Tal vez vaya mañana.

| A lo mejor
Seguramente
Seguro que | + | INDICATIVO |

Ej.:
Quizás llamará más tarde.
Tal vez irá mañana.
A lo mejor viene esta noche.
Seguramente ha llegado tarde.
Seguro que estará en el cine.

4.5. Imperfecto de subjuntivo

Acuérdate de la tercera persona plural del pretérito indefinido:

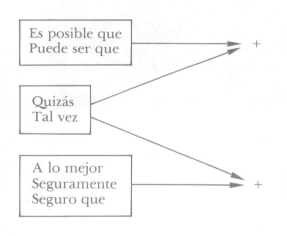

empezar	empeza~~ron~~ ⟶ empezara/se
volver	volvie~~ron~~ ⟶ volviera/se
salir	salie~~ron~~ ⟶ saliera/se

¡OJO!

ir y ser →

La primera persona
del plural lleva
acento: hiciéramos

pidieron	pidie-		
fueron	fue-	-ra	-se
pusieron	pusie-	-ras	-ses
durmieron	durmie-	-ra	-se
hicieron	hicie- +	-ramos	-semos
tuvieron	tuvie-	-rais	-seis
dijeron	dije-	-ran	-sen
estuvieron	estuvie-		
...	...		

4.6. Futuro perfecto

HABRÉ		
HABRÁS		llegado
HABRÁ	+	comido
HABREMOS		salido
HABRÉIS		...
HABRÁN		

4.7. Futuro para expresar la probabilidad

Lo sabes seguro: *No lo sabes seguro pero lo crees:*

Ernesto está en casa.   Ernesto estará en casa.

Son las 3 h.   Serán las 3 h.

Es Enrique.   Será Enrique.

PRESENTE ————————→ FUTURO

Ha perdido el tren.   Habrá perdido el tren.

Ha salido.   Habrá salido.

Se lo ha dicho Paco.   Se lo habrá dicho Paco.

PRETÉRITO PERFECTO ———→ FUTURO COMPUESTO

5. Dale que dale

5.1.

Haz diálogos semejantes al modelo:

> Arturo
> Vino a casa el sábado

● _¿ Quién es Arturo ?_

○ _Sí, hombre, aquél que vino a casa el sábado._

1. Los Sánchez
   Los conocimos en casa de Teresa.

2. Manolo Díaz
   Vive en Valencia.

3. Santiago Domingo
   Tiene un restaurante en Segovia.

4. Mercedes
   Estuvo viviendo unos años en Canadá.

5. Ana Salas
   Trabajó unos años en la empresa de Fernando Robles.

6. Los Puente
   Viven en Acapulco.

7. David Mellizo
   Es periodista y trabaja en ABC.

8. Juanita Marqués
   Sale con Agustín.

5.2.

Pide permiso:

> Estás en casa de un amigo y tienes mucho calor.

● _¿ Te importa que abra la ventana ?_

○ _No, no. Ábrela, ábrela._

1. Estás en casa de un amigo que tiene unos discos que te gustaría escuchar en tu casa.
2. En el salón de un hotel el volumen de la T.V. está demasiado alto.
3. Quieres dejar las maletas un rato en la recepción del hotel.
4. Estás visitando a una amiga que está enferma. Quieres fumar.
5. En el tren la ventanilla está abierta y tienes frío.
6. Estás en casa de un señor que no conoces mucho. Quieres llamar por teléfono.
7. En una reunión muy formal tienes mucho calor y quieres quitarte la chaqueta.
8. Estás en casa de un amigo por la noche. No has leído el periódico. Pídele el suyo para llevártelo.

5.3.

Forma frases:

Es posible que A lo mejor Puede ser que Seguramente Seguro que	esta noche ponen una buena película en la tele. Matilde no venga a cenar. a Carlos no le funcione el teléfono. están a punto de llegar. nos veremos el martes.

5.4.

¿Qué le dijo el jefe a Martínez?:

1. "No salga antes de las 2 h."
2. "Sea puntual."
3. "No vaya tanto al lavabo."
4. "No ponga la radio en horas de trabajo."
5. "No llame tanto por teléfono."
6. "Haga los informes más limpios."
7. "Tenga paciencia con la secretaria."
8. "No esté tanto rato desayunando."

Al pobre Martínez ayer el jefe le dijo que...

1. _____
2. _____
3. _____
4. _____
5. _____
6. _____
7. _____
8. _____

5.5.

Completa con imperfecto o condicional:

1. ● ¿Cómo es que Esther no ha llegado todavía?

   ○ Es que ayer me dijo que (VENIR) _vendría_ tarde.

2. ● El miércoles no fui al fútbol porque el señor Díaz me preguntó si (PODER) _podría_ quedarme un rato más en la oficina y le dije que sí.

3. ● ¿Y tú que le dijiste?

   ○ Pues nada, que me (FASTIDIAR) _fastidiaba_ hablar siempre de lo mismo.

4. ● Buenas tardes. Vengo a recoger un talonario de cheques. Ayer me dijeron que lo (TENER) _tendría_ para hoy.

5. ● El lunes fui a ver a Sergio y me comentó que no (ENCONTRARSE) _se encontraba_ bien y que (PENSAR) _pensaba_ ir al médico.

6. ● ¿Dónde estará Rafael? Lo estoy llamando y no contesta.

   ○ ¡Qué raro! Me comentó que esta noche (IR) _iba_ a quedarse en casa.

5.6.

Expresa hipótesis utilizando futuros:

● Burgos está a unos 150 km.

Burgos estará a (unos) 150 Km.

1. ¿Qué qué edad tiene mi cuñado? Pues unos 40 años.

   _____

2. ¿Enrique? Seguramente está en casa de sus padres.

   _____

3. Este aparato debe costar unas 40.000 pesetas.

   _____

4. Están muy serios. Seguro que se han enfadado.

   _____

5. Me parece que es extranjero. Tiene un acento un poco extraño.

   _____

5.7.

Completa con presente o pretérito perfecto de subjuntivo:

1. ● Y usted, ¿qué desea?

   ○ Mire, busco un piso que (SER)_____ céntrico, que (DAR) _____ a la calle, que

   (TENER)_____ dos o tres habitaciones pero que (ESTAR)_____ bien de precio.

2. ● ¡Uh! ¡Qué calor! ¿Le importa que (ABRIR)_____ la ventana?

3. ● Oiga, ayer me dijeron que estaría arreglada hoy. No puede ser que no la

   (ARREGLAR) _____ todavía.

4. ● ¿Le molesta que (SENTARSE, nosotros) _____ aquí?

5. ● Es una lástima que no (VENIR) _____ César. Con lo simpático que es.

6. ● Bueno, adiós.

   ○ Buen viaje, que os (IR) _____ muy bien.

6. Todo oídos

6.1.

Pon el número que corresponde:

n.º: n.º: n.º: n.º:

6.2.

Pon el número que corresponde:

N.º   N.º   N.º   N.º   N.º

Está sorprendido. ☐   No le cae bien. ☐   Está triste. ☐   Está harto. ☐   Está preocupado. ☐

6.3.

Escucha la siguiente conversación entre dos señores en un tren, toma nota y di cuántos favores le pide.

6.4.

Reacciona.

6.5.

Escucha la siguiente conversación, toma notas y contesta a estas preguntas:

1. ¿Quién es Lola Anglada?
2. ¿Quién es el del traje?
3. ¿Quién es Pilar Rodrigo?
4. ¿Quién es Aranzadi?

7. Tal cual

Habla con tu compañero de todo lo que sabes del propietario de cada albornoz: a qué se dedica, qué hace en su tiempo libre, qué carácter tiene,...

El único Jabón que no te deja colgado.

MARTA:
Llegó donde se propuso.
El permiso de conducir a la primera
y desde entonces siempre en directa.

ROBERTO:
De avión en avión. Trabaja volando
sin perder el aire elegante.
En tierra se lo juega
todo a u...
de moda...

CARMEN:
Profesión sus labores.
No tiene familia numerosa
pero cada cual es un numerito. Son los
primeros años...

NATALIA: 18 años.
Se apunta a lo que le va.
Pantalones ajustados y el C.O.U.
que no le va. Una movida
alucinante.

MARCOS:
21 años. El periodismo
le tira cantidad.
Su moto siempre es noticia.

Adivine dónde se sienta el presidente.

Discute con tu compañero dónde crees que se sienta el presidente y porqué. Intenta convencerlo.

9. Somos así... ¡qué le vamos a hacer!

 "Uno de mi calle me ha dicho que tiene un amigo que dice conocer a un tipo que un día fue feliz", *Joan Manuel Serrat*

...es una lástima que mi madre haya muerto, porque a veces cosas que ella recordaba yo ya no las recuerdo, y es una pena que se pierdan los recuerdos de las personas que te quisieron, me remuerde la conciencia perder los recuerdos de mi madre, estoy segura de que ella me los contaba para que yo los conservara.

La Rosa de Alejandría, **Manuel Vázquez Montalbán**

● Saludos de parte de Federico.
○ Gracias.

Me suceden cosas raras con demasiada frecuencia. Y no se puede decir que los hombres sean descorteses, no. Al contrario, se preocupan del color de mi pelo y hasta de mi salud. En la puerta del café hay siempre gente joven, y cuando vuelvo a casa veo que alguno mira y dice: "Está buena". Yo no puedo menos de agradecerles con una sonrisa su preocupación por mi salud. Son muy amables, pero no los entiendo. A veces se ponen rojos sin motivo, o se ponen pálidos. Sobre todo cuando les pregunto cosas de gramática.

Si vienes a España, Betsy, te aconsejo que no hagas preguntas a la gente sobre gramática. Todos cambian de tema y ponen gesto agrio. La gramática no es popular en este país, al menos en Alcalá de Guadavia y en Sevilla. Ayer le pregunté al dueño de la farmacia del barrio el subjuntivo de un verbo. El me dijo que era una pregunta muy graciosa y me presentó a su mujer.

La tesis de Nancy, **Ramón J. Sender**

● Saludos de parte de Federico.
○ Gracias.

● Saludos de parte de Federico.
○ Bueno, bueno. Ya me lo has dicho.
● Es que Federico me ha dado muchos saludos para ti.

El luto es para recordarte que tienes que estar triste y si vas a cantar, callarte, y si vas a aplaudir, quedarte quieto y aguantarte las ganas, que yo recuerdo el tío Eduardo, cuando lo de mamá, en el fútbol, como una piedra, igual, ni en los goles, fíjate, que llamaba la atención, y si alguno le decía "¿pero tú no aplaudes, Eduardo?", él enseñaba la corbata negra y sus amigos lo comprendían muy bien, ¿qué te crees?, "Eduardo no puede aplaudir porque está de luto".

Cinco horas con Mario, **Miguel Delibes**

5

BUENO, SÍ, PERO, SIN EMBARGO...

1. ¿Qué me cuentas?

1.1. No todos somos toreros

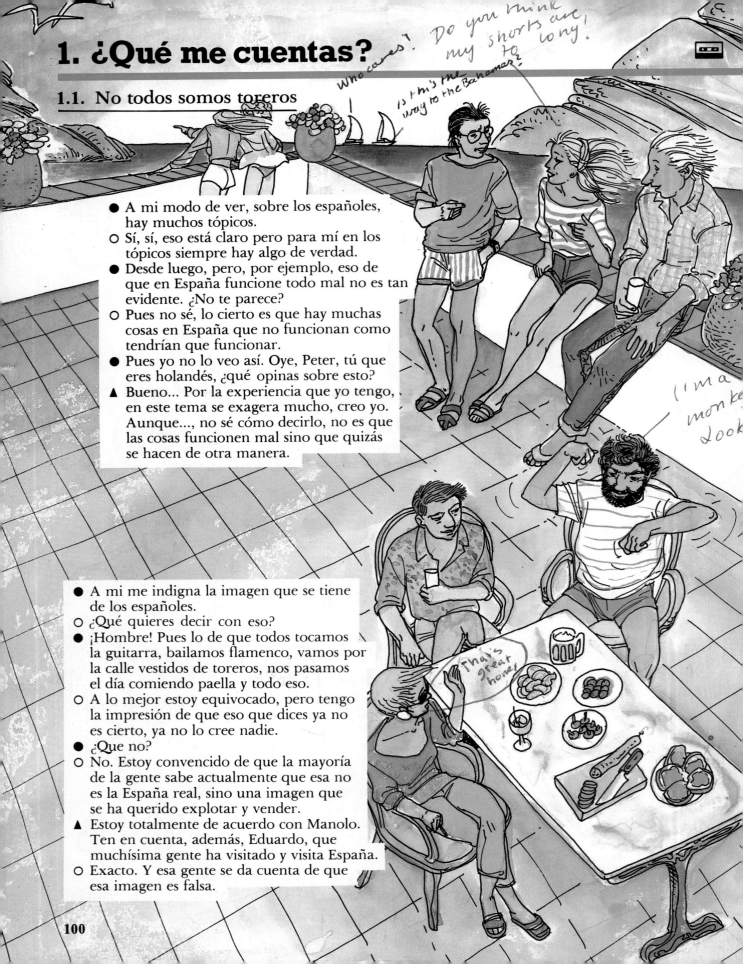

● A mi modo de ver, sobre los españoles, hay muchos tópicos.

○ Sí, sí, eso está claro pero para mí en los tópicos siempre hay algo de verdad.

● Desde luego, pero, por ejemplo, eso de que en España funcione todo mal no es tan evidente. ¿No te parece?

○ Pues no sé, lo cierto es que hay muchas cosas en España que no funcionan como tendrían que funcionar.

● Pues yo no lo veo así. Oye, Peter, tú que eres holandés, ¿qué opinas sobre esto?

▲ Bueno... Por la experiencia que yo tengo, en este tema se exagera mucho, creo yo. Aunque..., no sé cómo decirlo, no es que las cosas funcionen mal sino que quizás se hacen de otra manera.

● A mi me indigna la imagen que se tiene de los españoles.

○ ¿Qué quieres decir con eso?

● ¡Hombre! Pues lo de que todos tocamos la guitarra, bailamos flamenco, vamos por la calle vestidos de toreros, nos pasamos el día comiendo paella y todo eso.

○ A lo mejor estoy equivocado, pero tengo la impresión de que eso que dices ya no es cierto, ya no lo cree nadie.

● ¿Que no?

○ No. Estoy convencido de que la mayoría de la gente sabe actualmente que esa no es la España real, sino una imagen que se ha querido explotar y vender.

▲ Estoy totalmente de acuerdo con Manolo. Ten en cuenta, además, Eduardo, que muchísima gente ha visitado y visita España.

○ Exacto. Y esa gente se da cuenta de que esa imagen es falsa.

● Tú estáte quieto, que estás muerto.

● Yo, la verdad, no lo entiendo. ¿De dónde sacarán estas cosas? No les dejamos ver películas violentas, no les compramos juguetes bélicos, van a una escuela progresista y, sin embargo, se pasan el día jugando a la guerra.

○ Pues yo sí que lo entiendo. Es normal. Estamos rodeados de violencia por todas partes.

● Sí, claro, por supuesto, pero, con lo pequeños que son, no pueden darse cuenta.

○ ¿Que no se dan cuenta? Aunque sean pequeños, se enteran de todo.
Por un lado, lo que pasa en la escuela los padres no lo podemos controlar. Quiero decir: el contacto con los otros niños, el tipo de juegos ... Y, por otra parte, cuando sales a la calle... Están en una edad en que se fijan en todo; y eso no lo puedes evitar. Es más, nosotros mismos somos agresivos muchas veces. No sé si queda claro lo que quiero decir.

▲ Sí, sí, clarísimo. Yo lo veo como tú.

2. Se dice así

2.1. Pedir una opinión

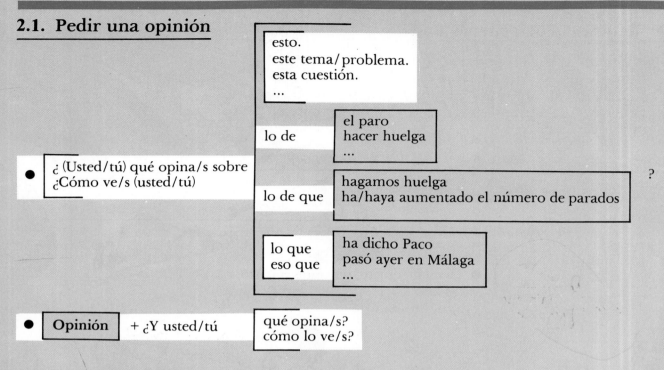

esto.
este tema / problema.
esta cuestión.
...

lo de
el paro
hacer huelga
...

● ¿ (Usted/tú) qué opina/s sobre
¿Cómo ve/s (usted/tú)

lo de que
hagamos huelga
ha/haya aumentado el número de parados

?

lo que
eso que
ha dicho Paco
pasó ayer en Málaga
...

● Opinión + ¿Y usted/tú
qué opina/s?
cómo lo ve/s?

2.2. Dar una opinión

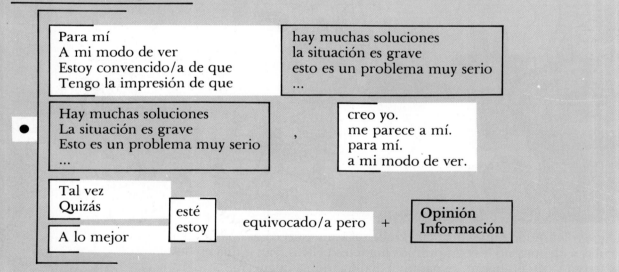

●

Para mí
A mi modo de ver
Estoy convencido/a de que
Tengo la impresión de que

hay muchas soluciones
la situación es grave
esto es un problema muy serio
...

Hay muchas soluciones
La situación es grave
Esto es un problema muy serio
...

,

creo yo.
me parece a mí.
para mí.
a mi modo de ver.

Tal vez
Quizás

A lo mejor

esté
estoy

equivocado/a pero + Opinión
Información

2.3. Para ordenar un razonamiento

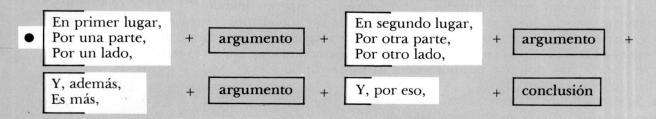

● En primer lugar,
Por una parte,
Por un lado,
+ argumento + En segundo lugar,
Por otra parte,
Por otro lado,
+ argumento +

Y, además,
Es más,
+ argumento + Y, por eso, + conclusión

2.4. Acuerdo / desacuerdo total

Acuerdo

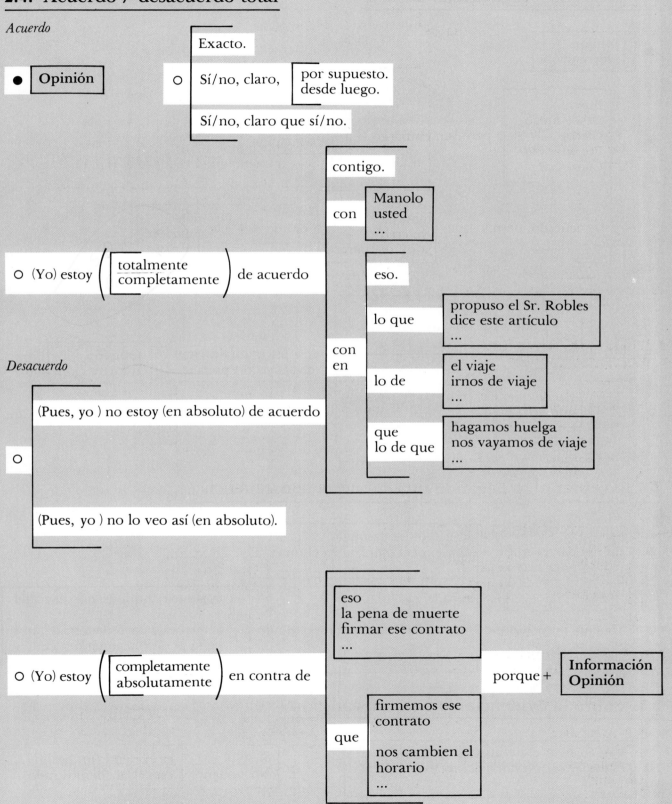

● **Opinión**

○ Exacto.

○ Sí/no, claro, por supuesto.
desde luego.

Sí/no, claro que sí/no.

○ (Yo) estoy (totalmente / completamente) de acuerdo

con contigo.

con Manolo
usted
...

con en eso.

lo que propuso el Sr. Robles
dice este artículo
...

lo de el viaje
irnos de viaje
...

que
lo de que hagamos huelga
nos vayamos de viaje
...

Desacuerdo

○ (Pues, yo) no estoy (en absoluto) de acuerdo

(Pues, yo) no lo veo así (en absoluto).

○ (Yo) estoy (completamente / absolutamente) en contra de

eso
la pena de muerte
firmar ese contrato
...

que firmemos ese contrato

nos cambien el horario
...

porque + **Información
Opinión**

2.5. Acuerdo / desacuerdo parcial

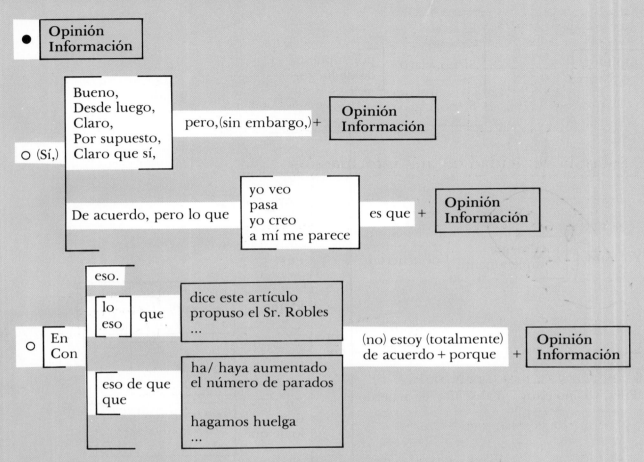

2.6. Aceptar algo negando una supuesta consecuencia

● A mí me parece que	va a subir la gasolina aumenta el hambre en el mundo ...	
○ Sí, (bueno) pero aunque	suba la gasolina aumente el hambre en el mundo ...	,	la gente seguirá usando el coche los países desarrollados no harán nada para solucionarlo ...

2.7. Sobre la evidencia de una información

●	Van a cerrar esa empresa, creo yo Es evidente que van a cerrar esa empresa ...	○	Sí, (eso) No, (eso) no	es evidente/un hecho. está claro/demostrado.

104

2.8. Negar algo para dar una interpretación nueva

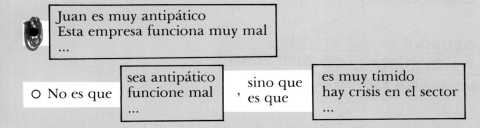

	Juan es muy antipático Esta empresa funciona muy mal ...			
○ No es que	sea antipático funcione mal ...	, sino que es que	es muy tímido hay crisis en el sector ...

2.9. Sobre la veracidad de una información

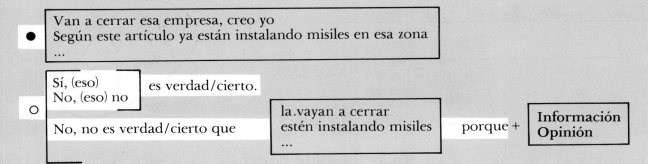

● Van a cerrar esa empresa, creo yo
Según este artículo ya están instalando misiles en esa zona
...

○ Sí, (eso)
No, (eso) no **es verdad/cierto.**

No, no es verdad/cierto que — la.vayan a cerrar / estén instalando misiles ... — porque + **Información Opinión**

2.10. Pedir y dar aclaraciones

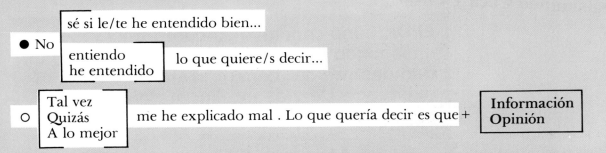

● No — sé si le/te he entendido bien...

entiendo / he entendido — lo que quiere/s decir...

○ Tal vez / Quizás / A lo mejor — me he explicado mal . Lo que quería decir es que + **Información Opinión**

2.11. Preguntar si se entiende/ ha entendido lo que uno mismo ha dicho.

● No sé si queda/ ha quedado claro lo que quiero decir...

2.12. Hacer un inciso

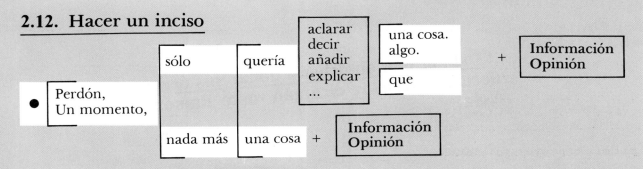

● Perdón,
Un momento,

sólo — quería — aclarar / decir / añadir / explicar ... — una cosa. / algo. + **Información Opinión**

que

nada más — una cosa + **Información Opinión**

105

3. Y ahora tú

3.1.

Habla con tu compañero de estas declaraciones:

"**El Hombre español sigue siendo terriblemente machista**", declaró María Izquierdo, Secretaria General del P.F.L...

- ¿Qué opinas tú sobre lo de que el hombre español es muy machista?

o A mi modo de ver, es verdad.

"**Los medios de comunicación no pueden ser neutrales**", afirmó Gabriel Cerdán, Director del periódico "El Mundo".

"**Es sumamente peligroso legalizar cualquier tipo de droga, incluso las llamadas blandas,**" aseguró el Dr. Segismundo Coca y Coca.

El Dr. Luna concluyó su conferencia enseñando las famosas fotos que, según él, demuestran de manera irrefutable la existencia de vida inteligente en otros planetas.

"**El grupo parlamentario del P.M. presentará al Congreso una propuesta de ley para que la mujer haga el servicio militar**", manifestó Gregorio Sánchez Manso, portavoz del mismo.

"**Todo el mundo debería donar sus órganos**", declaró el célebre cirujano vasco Ramón Nervión Vela.

* Todas las citas y los personajes son inventados.

106

3.2.

No estás de acuerdo en una parte de lo que te propone tu compañero:

● Vamos a visitar la nueva fábrica con el Sr. Romeu.

o *Bueno, yo, en eso de que vaya también el Sr. Romeu no estoy de acuerdo.*

1. Vamos a ir a Portugal en autocar con los Martínez.
2. Nos reuniremos el lunes en casa de Ana a las once.
3. Iremos por la carretera de la costa y pasaremos la primera noche en Alicante, en un buen hotel.
4. Discutiremos el tema con Ramiro esta misma noche en casa de Juan.
5. ¿Qué te parece si les llamamos por teléfono para avisarles y además los invitamos a cenar mañana?
6. Podríamos alquilar un local más grande y contratar una nueva secretaria. ¿Cómo lo ve usted?
7. Tenemos que hacerle un buen regalo al Sr. Llopis. Podríamos poner cinco mil pesetas cada uno y regalarle un reloj de oro o algo así.

3.3.

Te encuentras con unas personas que tienen estas opiniones. Reacciona:

1. La energía nuclear es la mejor y la más barata.
2. La gente vive mejor ahora pero antes era más feliz.
3. La sociedad española es muy machista.
4. El aborto no es un asesinato.
5. Siempre ha habido guerras y siempre habrá.
6. La libertad sólo es posible con un gobierno fuerte.
7. La democracia es el mejor de los sistemas políticos.
8. En los países occidentales no hay tanta libertad como se dice.
9. La intervención de los países desarrollados en el Tercer Mundo es positiva.
10. La publicidad informa bien al consumidor.
11. Los avances tecnológicos hacen que vivamos mejor.
12. Es mejor que los niños no vean la televisión.

3.4.

Tú y tus compañeros tenéis una agencia de detectives. Os han encargado un caso muy difícil. ¿Quién es el asesino?

ASESINADA, DE UN TIRO EN LA SIEN, LA MARQUESA DE CASA ROJA EN EL TREN PARÍS - MADRID AL PASAR LA FRONTERA

JUNICHI TOMINAGA
—Viajaba en el compartimento de al lado, en el que se encontró la pistola.

—Periodista.

—En su maleta se encontraron fotos de la nobleza española y en especial de la marquesa de Casa Roja.

—Declaró que tenía que ver a la marquesa aquella semana para hacerle una entrevista pero que no la conocía personalmente.

—Salió para ir al lavabo dejando la puerta de su compartimento abierta. Varios testigos lo vieron salir del lavabo.

CAMARERO
—Fue él quien encontró el cadáver.

—Algunos testigos lo vieron entrar en el compartimento de la marquesa sobre las 9h. (el forense dice que la muerte se produjo sobre las 8h.)

—Ex-empleado de la marquesa, despedido por robo no probado.

SECRETARIO
—Último en hablar con la marquesa.

—A las 7,30h. la despertó para pedirle unos documentos para presentar en la aduana.

—Después se fue al bar para encargar el desayuno y se quedó en el vagón-restaurante.

—Malas relaciones con el médico.

GIOVANNI RISOTTO
—Conocido miembro de la mafia italiana.

—Subió al tren en la frontera, sobre las ocho y cuarto.

—Testigos lo vieron salir del compartimento de la marquesa. Dice haberse equivocado de compartimento. Buscaba a su novia, la señorita Luciana Di Tomasso, que dormía en un compartimento muy cercano al de la marquesa.

SOBRINA
—Joven y muy atractiva.

—Domicilio habitual: Ginebra.

—Futura heredera de todos los bienes de la víctima.

—Viajaba en el vagón de al lado pero estaba en el compartimento del médico porque se encontraba mal. Un camarero los vio al llevarles una botella de agua.

—La noche anterior había cenado con su tía. Declaro haberla encontrado normal.

MATEO RUBIO
—Conocido hombre de negocios domiciliado en Ginebra.

—Rumores sobre relaciones íntimas con la marquesa con la que discutió momentos antes de subir al tren en París.

—En su maleta se encontraron unos guantes y un contrato de venta de una finca de la marquesa. (Firmado el mes anterior).

—Viajaba con su mujer con la que acababa de casarse en París.

—Los dos declararon no haber salido del compartimento desde las nueve de la noche.

MÉDICO
—Viajaba en el compartimento de al lado.

—Médico personal de la marquesa. Hacía poco que estaba a su servicio. Fue recomendado por su sobrina.

—Afirma haber visto a la marquesa por última vez después de cenar. Le administró calmantes porque estaba muy deprimida por algo relacionado con unos documentos.

3.5.

Lee con atención las opiniones de estos personajes. Tú vas a representar a uno de ellos en los debates sobre los siguientes temas:

1. ¿Hay que tener hijos?
2. ¿Hay que construir refugios atómicos?
3. La vida natural.

1.

> Hay que tener hijos.
> Es algo natural.
> No hay que pensarlo mucho.
> Con los hijos se asegura la continuidad de la humanidad.
> Siempre ha habido problemas (guerras, catástrofes, hambre, etc.).
> La situación actual no es peor.

> Tener hijos es una decisión personal pero hay que pensarlo.
> Si sólo se decide por el instinto, se puede ser egoísta e irresponsable.
> Pero si se piensa demasiado, nunca se tendrían hijos y no habría continuidad de la especie.
> Tener hijos es, en cierta forma, un gesto de esperanza pero hay que poder garantizarles unas buenas condiciones de vida: educación, afecto, etc.

> No hay que tener hijos.
> No es justo condenar a nadie a sufrir guerras, hambre, paro, etc.
> La humanidad está en el peor momento de su historia.
> Mucha gente que tiene hijos los tiene de una forma irresponsable.
> Tener hijos es ser egoísta.
> Muchas guerras se hacen porque hay un exceso de población.

2.

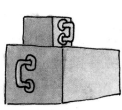

> El peligro de guerra nuclear es evidente.
> No podemos condenar a toda la humanidad a su destrucción. Conviene que alguno se salve.
> La cultura, la ciencia, el arte, la técnica..., todo lo que el hombre ha creado debe salvarse y el único camino es la construcción de refugios.

> Sería horrible sobrevivir cuando todo se haya destruido.
> Nadie es más importante que los demás. ¿Quiénes se salvarían? Sólo algunos políticos, científicos y los ricos. Y con ellos es mejor no convivir.
> No está probado que se pueda sobrevivir. ¿Cuánto tiempo se tendría que quedar la gente encerrada en los refugios?
> ¿Y después? ¿Se podrá llevar una vida normal en la tierra?

> No es evidente que haya una guerra nuclear.
> ¿Para qué invertir tanto dinero en refugios cuando hay otras necesidades más urgentes?
> Cada uno debe hacer lo que crea conveniente con su dinero.

3.

Fumar, beber y comer de todo son cosas a las que no hay que renunciar.

La vida en el campo es muy aburrida. Todo lo interesante está en la ciudad.

Ponernos todos a plantar tomates no es el mejor camino para solucionar los problemas de nuestra sociedad.

Hacer deporte no sirve para nada, te puedes morir de cualquier cosa y en cualquier momento.

En la sociedad actual es imposible cambiar de forma de vida.

Hacer deporte está bien, pero correr por las calles contaminadas no conduce a nada.

Debe exigirse un buen control de calidad de los alimentos. No todos son malos.

La salud es muy importante, pero no debe ser el centro de nuestra vida.

En la ciudad no se vive tan mal. Además las grandes ciudades ofrecen muchas ventajas.

Hay que defender la vida natural.

Lo importante es hacer deporte, alimentarse de forma sana, dejar de fumar, no beber alcohol.

La mayoría de los productos que consumimos están contaminados y producen cáncer.

Si es posible, hay que trasladarse al campo, abandonar la gran ciudad.

Sustituir los medios de transporte contaminantes por otros, es imprescindible.

3.6.

¿Y vosotros qué opináis de todo esto?

Si el paro es malo, para la mujer, peor

(Informe de José María Besteiro)

«La carrera de armamentos es como una droga de los Estados.»

(José Delicado Baeza)

«La revolución de las nuevas tecnologías de la información puede desembocar tanto en dictaduras telemáticas como en una sociedad mucho más humana»

(Rafael Blasco Castany)

«No soy misógino, pero la mujer es el enemigo declarado del hombre.»

(Camilo José Cela)

la heroína

no cae del cielo

"¿Qué se ha logrado con la prohibición de las drogas? No, desde luego, acabar con su consumo o tráfico, sino hacerlas más caras, más adulteradas y más interesantes?"

(Fernando Savater)

Se estima que hay 100.000 heroinómanos en España

4. ¡Ojo!

4.1. Usos del subjuntivo: expresión de opiniones

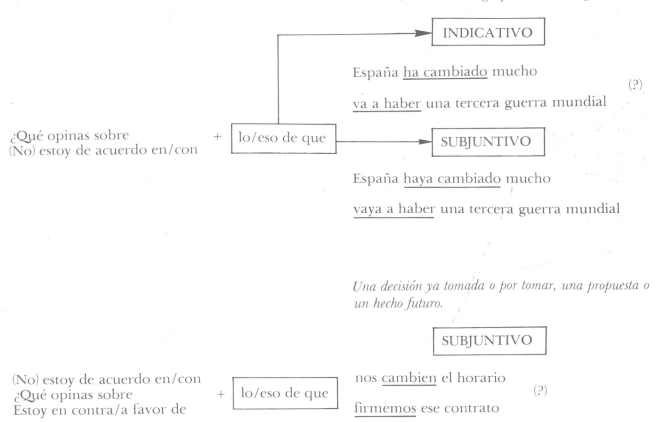

Un tema, un hecho o algo que ha dicho alguien.

INDICATIVO

España <u>ha cambiado</u> mucho

<u>va a haber</u> una tercera guerra mundial   (?)

¿Qué opinas sobre   +   lo/eso de que
(No) estoy de acuerdo en/con

SUBJUNTIVO

España <u>haya cambiado</u> mucho

<u>vaya a haber</u> una tercera guerra mundial

Una decisión ya tomada o por tomar, una propuesta o un hecho futuro.

SUBJUNTIVO

(No) estoy de acuerdo en/con
¿Qué opinas sobre   +   lo/eso de que
Estoy en contra/a favor de

nos <u>cambien</u> el horario   (?)

<u>firmemos</u> ese contrato

4.2. Usos del subjuntivo: evidencia y veracidad

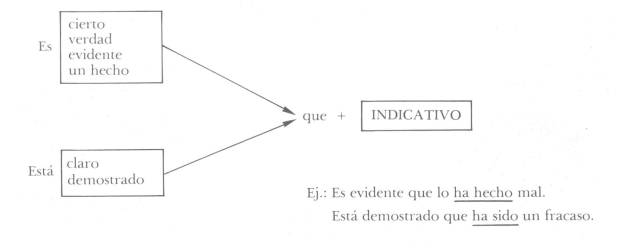

Es
- cierto
- verdad
- evidente
- un hecho

que + INDICATIVO

Está
- claro
- demostrado

Ej.: Es evidente que lo <u>ha hecho</u> mal.

Está demostrado que <u>ha sido</u> un fracaso.

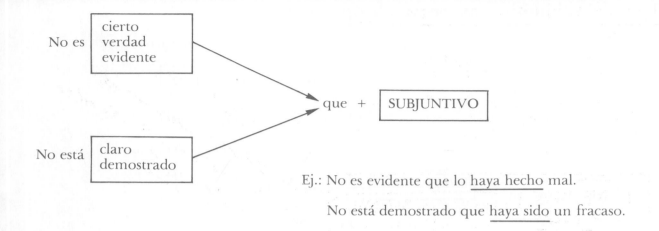

Ej.: No es evidente que lo <u>haya hecho</u> mal.

No está demostrado que <u>haya sido</u> un fracaso.

4.3. Usos del subjuntivo: aunque

Aunque + SUBJUNTIVO

Cosas no experimentadas o sobre las que no tenemos suficiente información

Ej: ¿Vamos? Aunque no <u>tengas</u> ganas, tienes que acompañarme.

Cosas que no sabemos si van a producirse en el futuro

Ej: Este verano, aunque no <u>tenga</u> dinero, pienso ir a París.

Cuando estamos en desacuerdo con algo de lo que ha dicho otra persona

Ej: ● Tienes fiebre. No vayas a trabajar.

    ○ Aunque <u>tenga</u> fiebre, voy a la oficina.

Aunque + INDICATIVO

Cosas que conocemos, que hemos experimentado, que sabemos que son reales

Ej: El otro día, aunque <u>estábamos</u> muy cansados, fuimos a la fiesta de Miguel.

Este verano, aunque ya <u>tendrá</u> 66 años, piensa seguir trabajando.

Aunque Ignacio <u>se enfada</u> a menudo, es muy buena persona.

4.4. Usos del subjuntivo: no es que...

No es que   +   [SUBJUNTIVO]

Ej: No es que esté gordo, es que es muy fuerte.
    No es que esté gordo, sino que es muy fuerte.
    No es que esté gordo. Es fuerte.

¡OJO!
Normalmente cuando se
está de acuerdo, no se usa
sino que

4.5. No... sino, no ... sino que

No fue en Madrid sino en Sevilla.

No quiere trabajar sino estudiar.

No tiene mal carácter sino que es muy nerviosa.

5. Dale que dale

5.1.

Tienes que hacer estas cosas aunque tu compañero te aconseja lo contrario. Justifica tu desacuerdo. **No olvides utilizar** aunque.

- ● No se lo digas, se enfadará.
- ○ *Aunque se enfade, voy a decírselo. Creo que es mejor.*

1. ● No salgas, va a llover.

   ○ _____

2. ● No vayas a ver esa película. Es muy violenta.

   ○ _____

3. ● No lo compres. Es muy caro.

   ○ _____

4. ● No la invites. Ya sabes que no vendrá.

   ○ _____

5. ● No hablemos más de este tema. Sabes que me pone nervioso.

   ○ _____

6. ● No vayan hoy al centro. Hay mucho tráfico.

   ○ _____

5.2.

Completa con indicativo o subjuntivo:

1. Está claro que no (QUERER, él) _____ ayudarnos.

2. Estoy completamente en contra de que (DESPEDIR, nosotros) _____ a la secretaria el mes que viene.

3. ¿Qué opinas sobre eso de que (ESTAR) _____ prohibido fumar en clase?

4. Está completamente demostrado que el azúcar (PRODUCIR) _____ caries.

5. No es que (SER) _____ caro. Lo que pasa es que este mes (IR, yo) _____ mal de dinero.

6. Ayer por la tarde, aunque (TENER, yo) _____ mucho interés en ver al Sr. León, no (PODER,

   yo) _____ pasar por su despacho.

5.3.

Une las frases utilizando las siguientes partículas:

aunque y, sin embargo, y, por eso, sino (que)

Está cansadísimo.
Seguro que sale esta noche. *Está cansadísimo y, sin embargo, seguro que sale esta noche.*

1. Me cae muy mal.
   Lo encuentro muy hipócrita. ——————————

2. Es un edificio que tiene casi quinientos años.
   Está perfectamente conservado. ——————————

3. Me dijeron que me lo tendrían para hoy.
   No está arreglado. ——————————

4. Tiene muy buen carácter.
   Se lleva bien con todo el mundo. ——————————

5. Está muy cambiada.
   La reconocí enseguida. ——————————

6. He estado un montón de veces en Italia.
   Tengo ganas de volver a ir. ——————————

7. No es Rosa.
   Es su hermana. ——————————

8. Es una novela realmente interesante.
   No ha tenido mucho éxito. ——————————

5.4.

● Es un poco raro, ¿no?

o *No es que sea raro, sino que es muy tímido.* —————— (ES MUY TÍMIDO)

1. ● Está muy lejos ese pueblo, ¿no?

   o ———————————————————————————(LA CARRETERA ES MUY MALA)

2. ● Es un trabajo muy difícil, ¿no?

   o ———————————————————————————— (ES PESADO)

3. ● Tiene muy mal carácter, ¿no te parece?

   o ———————————————————————————— (ES MUY NERVIOSO)

4. ● Tiene mucha experiencia, ¿no?

   o ————————————————————(TIENE UNA PREPARACIÓN MUY BUENA)

5. ● Es posible.

   o ———————————————————————————— (ES SEGURO)

6. ● Es nueva esta máquina, ¿no?

   ○ _____ (FUNCIONA MUY BIEN)

7. ● Quiere ir a Bilbao, creo yo.

   ○ _____ (TIENE QUE IR)

8. ● Es una enfermedad bastante grave, ¿no?

   ○ _____ (DIFÍCIL DE CURAR)

9. ● Estás totalmente de acuerdo con Gerardo, ¿no?

   ○ _____ (COMPRENDO LO QUE LE HA PASADO)

10. ● Es una película verdaderamente aburrida.

   ○ _____ (ES MALA)

5.5.

Dile a tu compañero que no estás de acuerdo con él. Utiliza:

| no es cierto que... |
| no es verdad que... |
| no está demostrado que... |
| no es evidente que... |
| no está claro que... |

● Según Sanchis, han despedido a Benítez.

○ *No, no es cierto que lo hayan despedido.*

1. ● Este producto es cancerígeno.

   ○ _____

2. ● La crisis del petróleo ha afectado mucho a este sector.

   ○ _____

3. ● Ignacio Sevilla será el nuevo presidente, ya lo verás.

   ○ _____

4. ● Este piso es mucho mejor que el otro, ¿no te parece?

   ○ _____

5. ● Lo que pasa es que Pancho te cae mal.

   ○ _____

6. Todo oídos

6.1.

Escucha estas tres conversaciones y luego señala cuál es la frase que corresponde a lo que has oído:

1. ☐ Cree que la mujer que trabaja está mejor que la que no trabaja.
   ☐ Le parece que es mejor que las mujeres no trabajen fuera de casa.
   ☐ Cree que las mujeres tienen doble trabajo porque siguen teniendo mucha responsabilidad en casa.

2. ☐ Cree que nuestra sociedad actual es peligrosa por la guerra nuclear.
   ☐ No es que sólo sea peligrosa por la guerra. También lo es porque la gente se pasa el día haciendo cosas sin importancia.
   ☐ Cree que no es peligrosa por la guerra sino sólo porque la gente trabaja demasiado y eso está mal.

3. ☐ En el artículo se defienden los nacionalismos.
   ☐ En el artículo se atacan los nacionalismos.

6.2.

Reacciona.

6.3.

Escucha las siguientes conversaciones y señala si están totalmente de acuerdo o no, o sólo en parte:

	acuerdo total	desacuerdo total	acuerdo parcial		acuerdo total	desacuerdo total	acuerdo parcial
1.	☐	☐	☐	5.	☐	☐	☐
2.	☐	☐	☐	6.	☐	☐	☐
3.	☐	☐	☐	7.	☐	☐	☐
4.	☐	☐	☐	8.	☐	☐	☐

6.4.

Vas a escuchar una conferencia sobre un problema social. Luego busca las frases verdaderas y organízalas por el mismo orden en que las has escuchado:

☐ Los conflictos entre payos y gitanos no han cambiado. Siempre han sido muy violentos.

☐ El pueblo gitano tiene derecho a mantener sus costumbres, su manera de ver el mundo y de actuar.

☐ Los payos han reaccionado violentamente cuando los gitanos se han trasladado a vivir a las ciudades.

☐ Los gitanos no son una minoría: son más de medio millón de personas.

☐ Los payos están en contra de que los gitanos sean ambulantes.

☐ Hay un deseo de las autoridades de que los gitanos puedan vivir tranquilamente junto a los no gitanos.

☐ La cuestión fundamental es el racismo.

☐ No hay racismo en estos problemas: los payos han manifestado a las autoridades su deseo de convivir con los gitanos.

☐ Cuando los gitanos vivían su vida y vendían por las carreteras había muchos más problemas.

☐ Los gitanos son una minoría que debe respetarse.

7. Tal cual

¿Verdad que no has hablado nunca con tus compañeros de esto? Pues ¿por qué no coges alguna de estas preguntas y se las haces, y das tu opinión, y pides la de los que están callados, y te esfuerzas por explicarte bien, y les pides que se expliquen mejor...?

En conjunto, vivimos mejor

Si nuestros bisabuelos resucitaran, se llevarían un susto. ¡Cómo ha cambiado esto! Y en gran parte es verdad, sobre todo si echamos el recuerdo a 30, 40 ó 50 años atrás.

La mayoría de la población ya no usa alpargatas por necesidad, ni se atiborra de pan o de garbanzos para matar el hambre. Muchos hemos experimentado lo que es un trabajo con médico del Seguro, y con tres o cuatro semanas de vacaciones al año. Muchos, la mayoría, hemos podido ir a la escuela y adquirir una profesión. Aunque haya sido a costa de firmar muchas letras de bancos y cajas de ahorro, muchos hemos podido tener una casa y un cochecillo, y una tele en color; y algunos espabilados o ahorradores hasta se han comprado ya un aparato de vídeo y alquilan varias películas para el fin de semana, como si no bastaran las de la tele y las de los cines de la ciudad. Y a veces nos hemos permitido la alegría de unas copas con los amigos, con sus raciones correspondientes.

Pero hay muchas necesidades sin cubrir

Lo que acabamos de decir en los párrafos anteriores es verdad. Pero, si se nos llenan los ojos y la boca con esas cosas, los que nos llevaremos un susto cualquier día somos nosotros. Porque necesidades, lo que se dice necesidades, hay para dar y tomar.

No vamos a hacer aquí la lista de estas necesidades. Esa lista la tenemos que hacer todos, cada uno en nuestro pueblo, en nuestro barrio, en nuestra ciudad. Basta echar un ojo a nuestro alrededor. Basta, a veces, leer los titulares del periódico cualquier día. Por si ayuda, para echar por nuestra parte un cuarto a espadas, vamos a hacernos unas cuantas preguntas:

¿Qué necesidades tienen hoy los niños, los adolescentes, los jóvenes, los ancianos...? ¿Qué necesidades tienen los minusválidos de cualquier tipo, los toxicómanos, los presos y los ex-presos, los gitanos y otras minorías étnicas, los emigrantes, los refugiados, los transeúntes y marginados por cualquier motivo? ¿Qué habría que hacer para prevenir la delincuencia juvenil? ¿Y para prevenir cualquier enfermedad? ¿Qué habría que hacer para potenciar a la mujer y superar el machismo? ¿Qué necesidades de información tenemos todos sobre nuestros derechos y los recursos existentes en nuestra sociedad? ¿Qué tendríamos que hacer para convivir mejor, sintiéndonos todos iguales y todos responsables al mismo nivel? ¿Qué podríamos hacer, cómo podríamos organizarnos, para mejorar realmente esta sociedad y cambiarla a la medida de nuestras necesidades de personas iguales? ¿Qué necesidades hay especialmente en muchos pueblos y zonas rurales, y en muchos barrios de ciudades medianas y grandes?

Muchas preguntas, ¿verdad? Y se podrían poner muchas más. Y entre todos hay que buscar las respuestas.

9. Somos así... ¡qué le vamos a hacer!

 "Pongamos que hablo de Madrid", *La Mandrágora*

HAY FRASES

Hay frases más inmorales que las pornográficas:
"la caridad bien entendida empieza por uno mismo"
o "si quieres paz, prepárate para la guerra"
Algunos gobiernos de países pobres
están armados hasta los dientes.
Los grandes fabricantes de armamentos
necesitan clientes,
para su negocio de amontonar dólares y cadáveres.
Algunos de estos seres de estado creen en Dios,
pero ¡ni Dios cree en ellos!

Gloria Fuertes

ME MATAN SI NO TRABAJO

...
Ayer vi a un niño jugando
a que mataba a otro niño
hay niños que se parecen
a los hombres trabajando.

Quién les dirá cuando crezcan
que los hombres no son niños,
que no lo son,
que no lo son,
que no lo son.

Me matan si no trabajo
y si trabajo me matan,
siempre me matan, me matan,
ay, siempre me matan.

Nicolás Guillén

LÉXICO

Este listado, dividido por unidades y presentado por orden alfabético, incluye aquellas palabras o expresiones que el alumno debe conocer.

Ha sido confeccionado a partir de los siguientes criterios:
- se señala la página en que la palabra o expresión aparece por primera vez.
- se han excluido todas aquellas partículas cuyo significado está totalmente determinado por el contexto.
- de la selección se han eliminado los documentos auténticos **Tal cual,** los textos grabados de **Todo oídos** y de **Somos así...** por considerar que el léxico se presentará en función de los intereses del grupo.
- no se han incluido todas aquellas palabras que aparecen en **Para Empezar.**

UNIDAD 1

abierto (ser), 12
acabar de, 22
aconsejar, 21
agencia (inmobiliaria), 22
agresivo, 16
al final (finalmente), 21
alfiler de corbata, 18
alguno, 12
alojamiento, 21
ambiente, 26
amueblado, 12
anotar, 13
artesanía, 18
¡Así es la vida!, 12
bien de precio, 12
cariñoso, 16
casi, 19
cerrado (ser), 20
cita, 19
cobarde, 20
complicado, 12
conferencia (disertación), 22
conseguir, 14
consejo (dar un), 29
cuando, 13
cursillo, 24
charlar, 19
de momento, 12
delegación, 12
desconocido (un), 19
descubrir, 19
diplomático, 13
divertirse, 22
egoísta, 20
en público, 19
enfadarse, 13
enseguida, 13
entender de, 18
entrevista, 21
esperar (suponer), 15
espontáneo, 13
estancia, 15
famoso, 22
generoso, 17
hacer ilusión, 19

hipócrita, 28
hispanoamericano, 18
histórico, 20
individualista, 20
inseguro, 20
intérprete, 12
literatura, 18
llevarse (bien/mal con alguien), 17
mal genio (tener), 16
mentir, 19
No creas, 17
noticias, 28
obra de teatro, 22
origen (ser de), 12
particular (dirección/ teléfono), 14
pasar (las vacaciones), 18
pasarse, 13
perezoso, 16
permiso de residencia, 21
pluma, 18
poner mala cara, 19
poner/ponerse nervioso, 25
poner/ponerse de buen/mal humor, 17
ponerse colorado, 20
ponerse histérico, 20
por cierto, 12
preocupación, 21
¡Qué le vamos a hacer!, 12
¡Qué pena!, 21
regular, 22
salir bien/mal, 15
segura de sí misma (ser una persona), 20
sinceramente, 12
sincero, 20
situación, 25
sociable (ser), 13
sueco (idioma), 27
tal vez, 21
ten/tenga, 13
tener paciencia, 20
tipo, 27

tomarse las cosas con calma, 13
tráfico, 26
urgentemente, 21
yo en su/tu lugar, 13
zona, 18

UNIDAD 2

a fines de, 34
a medio hacer, 34
ábside, 34
aceptar, 42
agua mineral, 50
ahora mismo, 39
aire acondicionado, 40
amargo, 50
anticipadas (entradas), 49
anunciar, 42
armamento, 48
arreglar (reparar), 35
artículo (periodístico), 48
asegurar, 35
avisar, 39
birria, 37
caliente, 38
camarero, 44
cambio (un artículo por otro), 49
capitel, 34
caravana (de camping), 35
carrete, 48
caza, 40
ciencia ficción, 37
claramente, 34
claustro, 34
columna, 48
comentar, 39
¿Cómo es que...?, 35
comprender, 48
conservar, 34
construir, 34
cuanto antes, 39
curioso, 34
dar ganas de, 34

darse cuenta, 48
de segunda mano, 50
desastre (ser un), 35
dibujo, 36
dulce, 50
durante, 34
encargado (responsable), 44
enterarse, 37
entusiasmar, 34
entusiarmarse, 38
escultura, 37
escena, 34
estilo, 34
estropeado (estar), 44
estúpido, 48
extraordinario, 37
fabuloso, 37
fantástico, 37
fijarse, 36
fotocopia, 48
garaje, 40
genial, 37
gimnasia, 40
gimnasio, 50
golf, 40
guardar, 44
hacer lo posible, 34
humo, 36
idea, 34
iglesia, 37
imaginar, 51
importante, 37
increíble, 37
jerez, 42
lavandería, 39
limpiar, 35
magnífico, 50
manchego, 50
maravilla, 34
mezcla, 34
monasterio, 34
morir, 34
náutico, 40
neumático, 49
No hay de qué, 34
No hay derecho, 35
No puede ser, 39

notar, 37
original, 37
palacio, 36
pesca, 40
pista de tenis, 40
porquería, 37
posterior (en el tiempo), 34
posteriormente, 34
preciosidad, 37
producir, 43
protestar, 35
raya (con/sin), 35
realmente, 34
rebajas, 49
reparar, 48
revelar (fotos), 48
romántico, 43
saber, 34
sauna, 40
sensación, 43
siglo, 34
solucionar, 39
tarjeta de crédito, 42
tema, 51
tierno (comida), 50
traer, 39
ventanilla, 44
verdaderamente, 37
¡Ya está bien!, 39

UNIDAD 3

a finales de, 60
a media tarde, 65
a mediados de, 56
a menudo, 57
a principios de, 60
acabar, 59
accidente, 63
acercar, 56
ahorrar, 66
¡Ajá!, 57
al cabo de, 57
¡Anda!, 56
así que, 60
asistencia, 66
avería, 56

ÍNDICE